Nelly Bidot/Bernard Morat

NLP – leichtgemacht

HERDER / SPEKTRUM

Band 4457

Das Buch

In diesem Taschenbuch, das sich an ein breites Publikum wendet, erhält der Leser die Möglichkeit, die Basistechniken, das grundlegende „Handwerkszeug" des NLP, in nur 80 Tagen beherrschen und anwenden zu lernen. Mit einfachen, allgemeinverständlichen Worten erklären die Autoren, worin die einzelnen Elemente bestehen, wozu sie dienen und geben dann sehr detaillierte Übungsanleitungen, um den Leser ganz gezielt an die Umsetzung in seinen praktischen Alltag heranzuführen. Mit zahlreichen Beispielen aus ihrer beruflichen Praxis mit NLP führen sie dem Leser die vielfältigen Gelegenheiten und Anwendungsmöglichkeiten im beruflichen und privaten Bereich vor Augen. –
Der Leser lernt mit Hilfe dieser Methode, entscheidende Signale zu entschlüsseln wie zum Beispiel Körperhaltung, Stimme, Blickrichtung und Augenbewegung. Dadurch öffnet sich ihm seine eigene innere Welt und die seiner Mitmenschen, er lernt sich und andere besser verstehen, gewinnt Einblick in die Funktionsgesetze des menschlichen Handelns und der zwischenmenschlichen Verständigung. Er kann so leichter seine Blockaden, Hemmungen und Ängste überwinden und beseitigen, lernt seine tieferen Bedürfnisse und Beweggründe und die seiner Mitmenschen kennen, um sie zu verstehen und anzunehmen, wird fähig, dem andern zuzuhören, mit ihm zu sprechen und ihn zu akzeptieren. Er entdeckt auf diese Weise auch Entfaltungsmöglichkeiten und findet in allen Lebensbereichen und Problemen Lösungen, die ihm bislange verborgen waren. –
Wer sich auf diesen Kurs einläßt und sich zum möglichst täglichen Üben entschließt, kann in der Tat in 80 Tagen ein neuer Mensch werden.

Autoren

Nelly Bidot ist Unternehmensberaterin und praktizierende NLP-Lehrerin;
Bernard Morat praktischer Arzt und NLP-Praktizierender.

Nelly Bidot/Bernard Morat

NLP – leichtgemacht

Das Übungsprogramm zur erfolgreichen
Lösung von Alltagsproblemen

Aus dem Französischen übersetzt
von Hans Werner Eichelberger

Herder

Freiburg · Basel · Wien

Die Originalausgabe „D'un monde á un autre" erschien 1993
bei Inter Éditions, Paris.
Herstellung: Freiburger Graphische Betriebe 1996
Umschlaggestaltung: Joseph Pölzelbauer
Umschlagmotiv: TIB – Jerzy Kolacz, Image-Bank
ISBN 3-451-04457-9

Inhalt

Vorwort

Vor 120 Jahren machte der deutsche Neurophysiologe Johannes Müller eine merkwürdige Entdeckung: Das menschliche Gehirn ist ein geschlossenes System. Umweltreize, die unsere Sinnesorgane erregen, gelangen als elektrische Impulse in unser zentrales Nervensystem, das diese Impulse zu dem verarbeitet, was wir subjektiv als Bilder, Geräusche, Gefühle und Geschmackseindrücke wahrnehmen. Unser Gehirn hat keine Fenster und Türen zur Außenwelt. Es bildet das, was wir in der Umwelt wahrnehmen, nicht wie eine Kamera ab. Was wir sehen, hören, fühlen, riechen und schmecken, ist kein Abbild, kein Echo und kein Eindruck der Außenwelt, sondern eine Schöpfung unseres Gehirns.

Diese Entdeckung hat weitreichende Folgen, die wir erst ein Jahrhundert später zu begreifen beginnen: Es gibt keine außerhalb von uns existierende, objektive Welt, die wir Menschen teilen könnten, wenn wir zusammen etwas erleben, gemeinsam über etwas sprechen, unsere Meinungen und Überzeugungen austauschen. Wir müssen umdenken lernen und in der Kommunikation mit anderen Menschen davon ausgehen, daß jeder Mensch seine eigene Welt, in der er lebt und handelt, buchstäblich selbst als seine individuelle Schöpfung hervorbringt.

Wenn wir diese Tatsache berücksichtigen, wird verständlich, warum Kommunikation im Alltag so schwierig ist. Es ist nicht nur eine Redewendung, wenn wir manchmal feststellen, daß Welten uns trennen, daß wir keine Gemeinsamkeiten sehen, aneinander vorbeireden oder verschiedene Standpunkte einnehmen. Wenn wir keine gemeinsamen Perspektiven sehen, uns mißverstehen und einander verletzen, liegt dem häufig kein böser Wille oder Rücksichtslosigkeit zugrunde, sondern die Tatsache, daß wir beide in verschiedenen Welten leben.

Wenn wir die Tatsache, daß jeder Mensch seine eigene Welt hervorbringt, berücksichtigen, können wir aber nicht nur verstehen lernen, daß jeder Mensch ein einzigartiges Wesen, ein Individuum ist, wir können uns darauf einstellen, aufmerksamer werden und uns bewußt bemühen, Verbindungen aufzuzeigen, Interessen in Einklang zu bringen und Brücken zum anderen zu schlagen. Wir können von „einer Welt", nämlich unserer eigenen, „zur andern" gehen.

Neurolinguistisches Programmieren (NLP) geht von der Grundannahme aus, daß jeder Mensch seine eigene Welt hervorbringt und vermittelt grundlegende Fähigkeiten, in die Welt des andern einzutreten, den anderen zu verstehen und eine gute Beziehung zu ihm herzustellen. NLP schult die Wahrnehmungsfähigkeit, neben der eigenen Welt die des anderen zu entdecken. NLP schult die Fähigkeit, in die Welt des anderen einzusteigen, sich darin zu bewegen und auch die Sprache des anderen zu sprechen. NLP ist eine Kommunikationskunst.

NLP vermittelt jedoch nicht nur Vorgehensweisen guter Kommunikation, sondern darüber hinaus Möglichkeiten der persönlichen Entwicklung. Wenn wir verstehen, wie wir unsere Welt hervorbringen, können wir auch lernen, sie mit Willen und Bewußtsein zu gestalten: Wir können ungewünschte Gefühle modifizieren, unangemessenes Verhalten überwinden und erfolgshemmende Überzeugungen verändern. NLP lernen bedeutet damit auch, daß wir nicht die Person bleiben müssen, die wir durch die Zufälle unserer Herkunft, Erziehung, Ausbildung und Lebenserfahrung geworden sind. Mit NLP können Menschen werden, was sie zu sein wünschen. NLP begreift Menschen als die Entwicklung ihrer Ressourcen.

In dem vorliegenden Buch von Nelly Bidot und Bernard Morat haben Sie die Möglichkeit, sich die Grundlagen des Neurolinguistischen Programmierens in einfacher Form und überschaubaren Schritten in achtzig Tagen anzueignen. Sie erwerben damit grundlegende Vorgehensweisen einer guten Kommunikation und eines erfolgreichen Selbstmanagements. Ich glaube nicht nur, ich habe die Erfahrung gemacht, daß sich das lohnt.

Hannover, im März 1996 *Alexa Mohl*

Zu diesem Buch

NLP wurde in den siebziger Jahren von J. Grinder und R. Bandler begründet und zu Beginn der Achtziger von Josiane de Saint Paul und Alain Cayrol in Frankreich eingeführt. Seither hat das Neurolinguistische Programmieren auch in Deutschland in der betrieblichen und persönlichen Aus- oder Fortbildung, in Schulen und Bildungsstätten einen beachtlichen Aufschwung erlebt. Das vorliegenden Buch will Ihnen als Leserin oder Leser helfen, sich schrittweise die Kommunikations- und Veränderungstechniken selbst anzueignen, die NLP Ihnen bereitstellt. Dies kann Tag für Tag durch regelmäßige Übungen geschehen.

Unsere eigene NLP-Erfahrung begann 1983 mit der Begegnung mit Josiane de Saint Paul und Alain Cayrol, die damals als Kursleiter schulten. Nelly Bidot setzt NLP seither in ihrer Bildungs- und Beratungsarbeit ein, Bernard Morat in seiner Tätigkeit als praktischer Arzt.

Wir beginnen jedes Kapitel mit einer leichtverständlichen theoretischen Erklärung, die wir anhand von Erfahrungsbeispielen aus der eigenen Praxis oder aus Berichten unserer Kursteilnehmer illustrieren. Da uns die verschiedenen Anwendungsformen der Techniken im Privat- und Berufsleben besonders wichtig sind, soll möglichst konkret gezeigt werden, welche Möglichkeiten sich jeweils mit welchen Folgen oder auch Grenzen eröffnen.

Jede Technik wird anschließend Gegenstand eines täglichen Trainings, wobei nach und nach die verschiedenen Techniken miteinander kombiniert werden. Sie sollen als Leserin oder Leser immer gleich auch in die Praxis umsetzen, was sie gelesen haben, um sich ihre eigene persönliche Erfahrung zu erarbeiten, die Sie dann mit der unseren oder mit den überall im Buch eingestreuten Erfahrungsberichten vergleichen können.

Wenn Sie das Buch schließlich ganz durchgearbeitet haben, werden Sie ein reichhaltiges Inventar an Kommunikationsweisen besitzen. Sie werden die Verhaltensweisen Ihrer Mitmenschen besser verstehen und zugleich über Mittel verfügen, um manche Ihrer eigenen Denk- und Verhaltensweisen innerlich und äußerlich zu verändern. Alles, was dieses Buch Ihnen vorschlägt, ist problemlos möglich und durchführbar. Der Text bedient sich ganz bewußt der Alltagssprache und ist für jedefrau und jedermann leicht lesbar.

Unser Wunsch ist, daß NLP für Sie eine zusätzliche Quelle wird für geistige Öffnung, für Bereicherung und Staunen, für Respekt vor dem Mitmenschen. Sie sollen sich selbst neu entdecken und obendrein noch Spaß dabei haben.

Damit dieses Buch Ihnen möglichst viel Nutzen bringt, ein paar Empfehlungen vorweg:

- Das beste Ergebnis erzielen Sie, wenn Sie für jede Übung die Zeit begrenzen. Qualität geht vor Quantität.
- Folgen Sie dem roten Faden des Buches. Wenn Sie nämlich vorgreifen und Kapitel überspringen, dann fehlen Ihnen Informationen aus den vorherigen Kapiteln, und Sie müssen zurückblättern (es sei denn, Sie haben schon Vorkenntnisse aus früheren Kursen).

- Sobald Sie eine Technik beherrschen, gehen Sie zur nächsten über. Manche Menschen brauchen weniger Zeit als von uns angegeben, andere haben einen langsameren Rhythmus. Respektieren Sie Ihre persönliche Lerngeschwindigkeit.
- Mit den Übungen wird die Art und Weise, wie Sie auf verschiedene Lebenssituationen reagieren, immer vielfältiger. Sie können daher immer wieder neue Optionen wählen oder in die Wahl einbeziehen, die zu den schon erworbenen Möglichkeiten hinzukommen.

Einführung:

NLP – Was ist das?

NLP oder NEUROLINGUISTISCHES PROGRAMMIE-REN ist ein Zugang zur Kommunikation und ein Weg zur persönlichen Veränderung, der aus der Analyse besonders erfolgreicher und exemplarischer Handlungsweisen abgeleitet wurde.

Es begann damit, daß sich J. Grinder und R. Bandler die Frage stellten, wie es eigentlich kommt, daß bei gleichem Wissensstand ein Kommunikationstrainer bessere Leistungen erzielt als ein anderer. Durch die genaue Beobachtung von professionellen Trainern, die für erfolgreiche Tätigkeit bekannt waren, kamen Grinder und Bandler auf die Spur von gemeinsamen „Techniken", die diese Trainer einsetzten, ohne sich dessen selbst bewußt zu sein. Zugleich konnten sie nun auch erklären, warum besonders innerhalb unterschiedlicher Bereiche der Psychologie verschiedene Therapeuten annähernd die gleichen Ergebnisse erzielen, obwohl sie sich auf völlig verschiedene oder gar gegensätzliche Theorien oder Denkschulen berufen.

Nach und nach gelang es den beiden NLP-Gründern, eine Reihe solcher gemeinsamen „Techniken" herauszufiltern und zu Modellen zusammenzufügen, die sich unmittelbar anwenden ließen: Es enstanden die „Werkzeuge" des NLP.

Warum heißt das Verfahren „Neurolinguistisches Programmieren"?

„Programmieren": Wir alle „speichern" unser ganzes Leben lang (vor allem in der Kindheit) zahllose Abfolgen (Sequenzen) der Art und Weise, wie wir denken und analysieren, wie wir etwas wahrnehmen oder uns der Umwelt anpassen. Diese manchmal auf Lebenszeit gespeicherten Programme variieren von Person zu Person und je nach den Umständen. Sie hätten bei jedem von uns auch ganz anders ausfallen können, wenn wir irgendwann in einer anderen Haut gesteckt, andere Erfahrungen in einer anderen Umwelt gemacht hätten. Daraus läßt sich folgern, daß zu den Leistungen einer bestimmten Person auch eine andere Person potentiell fähig ist. Das einleuchtendste Beispiel dafür bietet zweifellos das Erlernen der Muttersprache: Jedes Baby ist imstande, jegliche menschliche Sprache zu erlernen.

„Neuro": Die Fähigkeit, Erfahrungen zu speichern, beruht auf der Aktivität unseres zentralen und peripheren Nervensystems. Viele NLP-Techniken bestehen darin, daß man Denk- und Verhaltensprogramme neu erstellt, verändert oder einstellt.

„Linguistisch": Was wir denken, können wir mit Hilfe der vom Denken strukturierten Sprache auch anderen vermitteln. Umgekehrt jedoch strukturiert auch die Sprache unser Denken. Die Wechselbeziehungen zwischen Sprechen und Denken sind Gegenstand umfassender Forschungsarbeiten, die Grinder (von Hause aus selbst Linguist) und Bandler auch auf die nonverbale Sprache ausgedehnt haben.

NLP ist also keine vollständig neue Theorie, sondern *setzt schon vorhandenes effizientes Wissen und „Know-how" in Handlungsmodelle um.*

NPL ist als *pragmatischer* Zugang zur Kommunikation und zur Veränderung mehr am „Wie" der Dinge interessiert als an ihrem „Warum".

Beispiele

Es ist eine weitverbreitete Annahme, daß, wer einem Menschen helfen will, sich „in dessen Haut versetzen" können müsse. In der Praxis sagt uns aber niemand genauer, wie unser Partner denn spüren soll, daß wir uns „in seine Haut versetzt" haben. NLP beschreibt diesen Vorgang und gibt uns dazu die Mittel an die Hand.

Sicher haben Sie schon gehört, wie jemand sagte: „Hätte ich nur das nötige Selbstvertrauen, dann bräuchte ich vor dem Examen keine Angst zu haben!" NLP kann zu solchem Selbstvertrauen verhelfen.

Wer hätte nicht schon solche oder ähnliche Klagen gehört: „Seit meinem Unfall damals habe ich immer noch ungute Gefühle (oder: wahnsinnige Angst; bin ich total blockiert …) beim bloßen Gedanken, ich sollte in ein Auto steigen …" NLP kann helfen, solche Ängste in kurzer Zeit loszuwerden.

„Ich kann das einfach nicht verstehen! Ich bin ganz sicher, daß mein Mann und ich uns immer noch lieben, aber wir können uns einfach nicht mehr richtig verständigen!" NLP bietet die Möglichkeit, das Problem so anzugehen, daß beiden Partnern geholfen wird, aus dieser Lage herauszufinden.

1

Wie man die richtige Beziehung herstellt: Die Technik des „Spiegelns"

Was heißt „Spiegeln"?

Das „Spiegeln" ist der Vorgang, mit dem man einen engen Kontakt herstellt zur „bewußten" und „unbewußten" Ebene einer Gesprächspartnerin oder eines Gesprächspartners. Zum guten Kontakt gehört nämlich mehr, als daß man (auf der „bewußten" Ebene) Worte miteinander wechselt. Die Qualität der Kommunikation zwischen Individuen hängt darüber hinaus noch von anderen, vor allem unbewußten Faktoren ab. Angenommen, Sie wollen einem depressiven, völlig in sich gekehrten Freund zuhören, weil er dringend einen Menschen braucht, dem er sich anvertrauen kann. Wenn Sie dabei nun die Hände hinter dem Kopf verschränken, die Beine von sich strecken und gleichzeitig breit grinsen, wird ihr Freund sich nicht so recht verstanden fühlen, ob Sie es wollen oder nicht.

„Spiegeln" heißt, daß man dem anderen dessen eigenes Bild widerspiegelt, indem man ihm nonverbale Signale sendet, die er unbewußt leicht mit seinen eigenen identifizieren und gleichzeitig als Zeichen des Anerkanntwerdens deuten kann. Durch das Spiegeln stellt man eine Atmosphäre des Vertrauens her, in der unser Gesprächspartner Lust bekommt, noch mehr mitzuteilen, weil er spürt, daß jemand ihm zuhört und ihn so nimmt, wie er ist. Wir selbst erhalten dabei die Möglichkeit, sehr viel feinfühliger auf andere Menschen zu hören. Schließlich führt das Spiegeln dazu, daß eine Beziehung, ein sogenannter „Rapport" entsteht, der uns nach und nach in die Lage versetzt, dem Gespräch eine bestimmte Richtung zu geben. Unter den „Parametern", den Ausdrucksmerkmalen, an denen wir uns beim Spiegeln orientieren, können wir zwei Typen unterscheiden: verbale und nonverbale.

Die verbalen Parameter: Dazu gehören Redeform (Prädikate und sprachliche Wendungen) und Redeinhalt (typische Ausdrücke und Schlüsselgedanken). Die den Redeinhalt betreffenden verbalen Parameter basieren vor allem auf dem Wiederholen von Schlüsselgedanken des Gesprächspartners. Diese Technik des Reformulierens dürfte jedem geläufig sein, der sich bereits mit dem Thema „Kommunikation" beschäftigt hat. Es schien uns daher nicht notwendig, darauf in den nachfolgenden Übungen nochmals näher einzugehen. Auf die Redeform werden wir im dritten Kapitel zurückkommen, wenn es um die „Prädikate" geht.

Die nonverbalen Parameter: Dazu zählen das *Makroverhalten* (allgemeine Körperhaltung, Gestik und Eigenarten der Stimme) und das *Mikroverhalten* (Kopfhaltung, geringfügige Kopf- und Gliederbewegungen, Atmung und Gesichtsausdrücke). Nehmen wir uns diese Punkte noch einmal einzeln vor:
– Spiegeln der Körperhaltung: Unsere Partnerin oder unser Partner kann stehen, stramm oder eher lässig, kann sitzen, mit übergeschlagenen Beinen oder verschränkten Armen, vornüber gebeugt oder nach hinten gelehnt, mit einer Hand in der Hosentasche usw. Es geht darum, diese Haltung in unserer eigenen Haltung global widerzuspiegeln. Dabei ist es normaler-

weise nicht nötig, eine Haltung detailgenau zu reproduzieren oder jede Veränderung gleich nachzuvollziehen. Hat Ihr Gesprächspartner soeben seine Haltung verändert, dann warten Sie besser, bis er zu einer neuen Haltung gefunden hat, bevor Sie diese widerspiegeln.

- Spiegeln der Gestik: Es kann sein, daß bei Ihrer Gesprächsperson kaum irgendwelche Gesten zu beobachten sind; sie kann aber auch stark gestikulieren, weitausladend oder eher diskret, mit runden oder mit eckigen Bewegungen, kontinuierlich oder diskontinuierlich; Gesten können eine Rede begleiten (meist mit den Händen), oder sie können quasi automatisch erfolgen (im ständigen Wippen mit dem Fuß zum Beispiel).

Imitieren Sie nicht jede Geste Ihres Partners; spiegeln Sie ihm nur etwas wider von der Art, wie er sich ausdrückt und wie er dem Gespräch einen Rhythmus verleiht. Falls jemand besonders viel gestikuliert, brauchen Sie das nicht nachzumachen. Bleibt er aber regungslos, dann vermeiden auch Sie es, zu gestikulieren. Wenn eine markante Bewegung immer wieder vorkommt, sollte man sie in abgeschwächter Form oder nur andeutungsweise aufgreifen.

- Spiegeln der Stimme: Achten Sie dabei auf Geschwindigkeit, Lautstärke und Rhythmus des Gesprochenen. Versuchen Sie, Ihre eigenen stimmlichen Eigenschaften denen Ihrer Partnerin bzw. Ihres Partners anzunähern. Vermeiden Sie aber ein Nachäffen, vor allem wenn jemand mit Akzent spricht. Das Spiegeln des Sprechrhythmus muß mit dem Spiegeln der Gestik harmonieren.

- Spiegeln des Mikroverhaltens. Hier eine Liste von Mikroverhaltensweisen, auf die man dabei achten sollte:

Den *Kopf* kann man gerade halten oder nach rechts oder links neigen, man kann nicken oder den Kopf schütteln, man kann ihn nach vorn neigen oder zurückwerfen.

Im *Gesicht* kann man die Stirn in Falten legen oder glätten, die Augenbrauen hoch- oder zusammenziehen; die Augen können weit geöffnet oder zusammengekniffen sein, der Blick bohrend oder leer, die Nase gerümpft oder gerade, die Nasenflügel angelegt, normal oder weit geöffnet; man kann sich auf die Lippen beißen, mit der Zunge über die Lippen fahren, und schließlich kann das ganze Gesicht einen sehr unterschiedlichen Ausdruck annehmen.

Beim *Atmen* kann man über den Brustkorb oder übers Zwerchfell Luft holen, in einem regelmäßigen Rhythmus oder mehr unregelmäßig.

Keine Angst, Sie brauchen nicht alle diese Elemente bei ein und derselben Person zu beobachten. Sie werden sehr rasch merken, ob eine Partnerin oder ein Partner solche Mikro-Verhaltensweisen in gleichartigen Situationen zu wiederholen pflegt. Sie werden beispielsweise feststellen, daß die Person X jedesmal, wenn sie sich aufregt, die Nasenflügel spreizt, oder daß sie vor einem beabsichtigten Themenwechsel immer die Augenbrauen hochzieht, den Kopf hebt und tief Luft holt.

Das Spiegeln kann *direkt* erfolgen (auf einen bestimmten Parameter hin) oder *übertragen* (in einem Parameter stellvertretend für einen anderen). Wenn mein Gesprächspartner zum Beispiel aufrecht vor mir sitzt, die Beine überschlagen, die Unterarme auf den Sessellehnen, dann kann ich seine Haltung entweder strikt reproduzieren (direktes Spiegeln), oder aber ich kann die Arme statt der Beine überkreuzen und dabei ebenfalls möglichst aufrecht sitzen (übertragenes Spiegeln der Haltung). Wenn sich mein Gegenüber wiederholt zerstreut mit dem Finger am Kinn kratzt, kann ich mich am Knie oder mit einem Fuß am anderen kratzen. Übertragenes Spiegeln ist oft diskreter und eleganter. Zum Glück braucht man aber gar nicht in sämtlichen Parametern synchron zu sein. In der Regel sind zwei bis vier Parameter völlig ausreichend. Weiter unten werden Sie lernen, wie man sie auswählt.

Wozu dient das Spiegeln?

Wie schon erwähnt, hat das Spiegeln den Zweck, eine vertrauensvolle Atmosphäre zu schaffen, die es uns leichter macht, Informationen aufzunehmen und ein Gespräch selbst zu steuern. Unser Gegenüber darf sich dabei in seiner ganz persönlichen Art und in seinem Verhalten akzeptiert fühlen. Dank einer nonverbalen Harmonie ist dann auch die Äußerung von Widerspruch kein Kommunikationshindernis mehr. Spiegeln ist also in erster Linie nützlich

– bei der ersten Begegnung mit einer bisher unbekannten Person (im beruflichen wie im privaten Bereich);
– zu Beginn eines Gesprächs (Vorstellungsgespräch, Geschäftsverhandlung, Arztgespräch usw.);
– zur Förderung von Gruppenarbeit (Spiegeln jedes Gruppenteilnehmers, sobald man ihn anspricht);
– beim „Austragen" einer schwierigen Gesprächsphase. Wenn Spannungen oder Meinungsverschiedenheiten auftreten, kann man mit Hilfe des Spiegelns dennoch den „Kontakt" aufrechterhalten.

Synchronisation stellt, wie bereits gesagt, auch einen „Rapport" her, der uns im Gespräch eine Führungsrolle einräumt. Ist es uns erst einmal gelungen, durch nonverbale Annäherung an das Verhalten und Tun des Gegenübers dieses Klima zu schaffen, dann achtet er im weiteren unbewußt selbst darauf, es auch weiter aufrechtzuerhalten. Wir können nun die Probe aufs Exempel machen und die Spiegelung in einem Punkt abändern, um zu sehen, ob unser Gegenüber ebenfalls seine Haltung in der gleichen Richtung modifiziert. Wenn das der Fall ist, können wir auch das weitere Gespräch in eine gewünschte Richtung lenken. Umgekehrt können wir aber auch durch ein Abbrechen des Spiegelns (und damit des „Rapports") deutlich machen, daß wir mit einem Gesprächsverlauf nicht einverstanden sind, oder wir können auf diesem Weg die Beziehung einfach ganz abbrechen. Für die folgenden Trainingseinheiten schlagen wir Ihnen vor, daß Sie sich beim Spiegeln zunächst auf ganz bestimmte Parameter konzentrieren, um sie anschließend miteinander zu kombinieren. Zuvor aber noch zwei Beispiele für die praktische Verwendung des Spiegelns.

Eine Bernard aus früheren Behandlungen schon bekannte Patientin kommt mit versteiftem Hals und schmerzhaften Muskelverspannungen in die Sprechstunde; sie kann den Kopf nur noch schräg nach rechts neigen. Die Frau arbeitet in einer Bank, deren Geschäftsleitung beschlossen hat, aus Kostengründen einen Teil des Personals zu entlassen; alle Abteilungen werden einer Revision unterworfen. Die Patientin weiß um die Gefährdung auch ihrer Stelle, deshalb bemüht sie sich, immer unter den Augen eines Beobachters zu arbeiten. Ihre Angst schlägt jedoch sehr bald in akute Verkrampfung und Verspannung der Halsmuskulatur um, was wiederum die Rechtsneigung des Kopfes zur Folge hat. Als diese Beschwerden nach einer Woche nicht abklingen, sucht sie den Arzt auf.

Bernard wählt einige Parameter zum Spiegeln aus. Vor allem neigt auch er den Kopf ganz behutsam wie die Patientin zur rechten Seite. Ihren Bericht unterstreicht er ab und zu, indem er die Augenbrauen hochzieht. Ansonsten bezieht sich die Spiegelung auf Handbewegungen und die allgemeine Körperhaltung. Nach ein paar Minuten geht er dazu über, ganz leicht zustimmend zu nicken, statt die Brauen hochzuziehen. Sogleich übernimmt auch die Patientin dieses Nicken. Nachdem also der Rapport hergestellt ist, beschließt Bernard, seine Nickbewegungen allmählich zu verstärken; er merkt, daß sich die Patientin ihm auch jetzt gleich wieder anschließt. Nun beginnt Bernard, den Kopf ganz langsam aufzurichten, um ihn dann sachte zur anderen Seite zu neigen, und noch immer folgt ihm die Patientin, während sie weiterhin von ihren Ängsten und Hoffnungen erzählt.

Nach einer halben Stunde hat sie so bereits achtmal den Kopf hin- und herbewegt. Am Ende des Gesprächs ist ihr Hals zwar noch schmerzempfindlich, aber die Muskelverspannungen sind verschwunden. Einige weitere Termine beim Heilgymnasten haben anschließend die Behandlung ergänzt.

Nelly ist im sechsten Monat schwanger, als sie im Rahmen einer Voruntersuchung ein Gespräch mit einem Klienten zu führen hat. Sie konzentriert sich beim Spiegeln auf Körperhaltung, Sprache und Gestik, und sie reproduziert einige Kopfbewegungen. Sehr rasch erzielt sie damit einen ausgezeichneten Rapport. Der Klient redet ganz ungezwungen unter vier Augen und teilt eine Menge für das künftige Projekt nützlicher Informationen mit. Im Verlauf des Gesprächs legt Nelly einmal unwillkürlich die Hände an den Bauch und stützt ihn von unten, um sich etwas zu entspannen, wie schwangere Frauen es manchmal tun. Zu ihrem Erstaunen sieht sie, wie ihr Gesprächspartner seinerseits seine Weste aufknöpft, die Hände ebenfalls beiderseits an den Bauch legt und die Daumen in den Gürtel einhakt!

Wie man sich mit dem Spiegeln vertraut macht

Erster Tag

Spiegeln Sie heute die *allgemeine Körperhaltung* dreier Partnerinnen oder Partner, mit denen Sie jeweils wenigstens fünf Minuten lang etwas zu besprechen haben. Ihre Aufgabe soll es dabei sein, die allgemeine Haltung des jeweiligen Gesprächspartners zu beobachten und symmetrisch zu reproduzieren. Wenn dieser seine Haltung ändert, modifizieren Sie ein paar Augenblicke später ebenfalls Ihre Haltung. Als Grundregel gilt dabei, daß man die Haltung widerspiegeln, aber nicht nachäffen soll. Nimmt Ihr Partner eine „exzentrische" Haltung ein (nehmen wir an, er legt die beiden Füße auf seinen Schreibtisch), ist es nicht gerade angebracht, ihn darin getreulich zu imitieren. Bleiben Sie immer locker, und wirken Sie auf keinen Fall „verkrampft".

Wenn Ihnen diese Form des Spiegelns leichtfällt, fahren Sie gleich am nächsten Tag mit dem Synchronisieren der Gesten fort, ansonsten wiederholen Sie dieses Training täglich, bis Ihnen das Spiegeln der Haltung keine Mühe mehr macht.

Allerdings sollte die Übung nicht mehr als drei Tage in Anspruch nehmen, sonst sollten Sie sich einmal ein paar Gedanken über Ihren Perfektionismus machen!

Zweiter Tag

Von heute an arbeiten Sie am *Spiegeln der Gestik.* Beobachten Sie drei Personen, deren Körperhaltung Sie schon vorher gespiegelt haben. Achten Sie nun darauf, welche Gesten diese Personen machen, während sie reden. Üben Sie, eine bzw. mehrere beobachtete Gesten selbst zu reproduzieren.

Achtung: Besonders auffällige Gesten sollten Sie nicht in vollem Umfang reproduzieren. Wählen Sie in einem solchen Fall lieber das übertragene Spiegeln, indem Sie jede der auffälligen Bewegungen mit einer diskreteren übertragenen Bewegung beantworten. (Beispiel: Ihr Partner macht mit dem rechten Arm ständig mühlenartige Kreisbewegungen, Sie antworten darauf mit nickenden Kopfbewegungen; ihr Partner schlägt mit dem rechten Handrücken in die linke Handfläche, um seine Worte gleichsam einzuhämmern, Sie können daraufhin entsprechend mit dem Kugelschreiber auf den Tisch klopfen ...)

Dritter Tag
Nun gehen Sie über zum *Spiegeln der Sprechweise anderer Menschen.* Es bezieht sich auf die folgenden drei Parameter: die *Lautstärke* (von leise bis sehr laut); die *Geschwindigkeit* (von extrem langsam bis sehr schnell); den *Rhythmus* (von fließend bis abgehackt).

In anderen NLP-Büchern finden Sie in diesem Zusammenhang auch Hinweise auf das Spiegeln von Klangfarbe und Tonfall der Stimme. Nach unseren Erfahrungen ist jedoch das Spiegeln in den Punkten Lautstärke, Rhythmus und Schnelligkeit schon überaus wirkungsvoll und in aller Regel ausreichend.

Wählen Sie sich heute zwei Partner aus, und spiegeln Sie bei jedem von Ihnen zehn Minuten lang die *Lautstärke* – und nur die Lautstärke! Spricht die Partnerin bzw. der Partner extrem laut oder im Gegenteil fast unhörbar leise, sollten Sie sich seiner Sprechweise so weit annähern, daß der Kontrast zwischen seinem und Ihrem Sprachstil abgemildert wird. Das verbessert Ihre Chancen, ein Vertrauensklima zu schaffen oder zu intensivieren.

Die Stimme ist ein außerordentlich wichtiges Element

beim Spiegeln. Ohne stimmliche Spiegelung haben Sie kaum Aussichten, überhaupt eine Atmosphäre völligen Vertrauens herzustellen. Wenn jemand sehr viel lauter oder leiser spricht als wir selbst, bringt er uns leicht aus der Fassung. Denken Sie auch daran, daß dies die einzige Möglichkeit des Spiegelns beim Telefonieren ist.

Vierter Tag
Heute sollen Sie mit drei Partnern eine Spiegelung der Sprechweise herstellen, und zwar in den Punkten *Lautstärke und Geschwindigkeit gleichzeitig.* Dabei sollen Sie sich jedesmal zehn Minuten lang – und nicht länger! – so weit wie möglich dem Lautstärkeniveau wie auch der Sprechgeschwindigkeit Ihres Gesprächs- partners annähern. Übereifer ist nicht nötig. Allzu lan- ges tägliches Training könnte Ihnen selbst bald den Spaß verderben. Beim Lernen ist es wie bei manchen Vergnügungsarten: Man sollte es nicht übertreiben!

Denken Sie auch immer daran, daß das Spiegeln bei auditiven Parametern überaus wirksam ist. Man kann damit auf besonders elegante Weise einen Rapport her- stellen.

Fünfter Tag
Üben Sie heute maximal dreißig Minuten lang *Spiegeln der Sprechweise* entweder mit ein und demselben oder mit zwei verschiedenen Partnern. Nun geht es um alle drei Parameter zugleich: *Lautstärke – Geschwindigkeit – Rhythmus.* Schreiten Sie zur nächsten Übung fort, so- bald Sie mit dieser Übung keine Schwierigkeiten mehr haben.

Sie werden übrigens schon bald merken, daß Ihnen bei stimmlicher Spiegelung auch das Spiegeln der Gestik leichterfällt. Bekanntlich paßt sich unsere Gestik dem Sprechrhythmus an. Sie brauchen nur einmal zu versuchen, in abgehacktem Rhythmus zu sprechen und dabei gleichzeitig ausholende und abgerundete Gesten zu machen. Von jetzt an sollten Sie immer aufmerksam auf die Vielfalt der Ausdruckweisen bei den Personen achten, die Ihnen im Laufe eines Tages begegnen. Wenn man einen anderen Menschen in seiner Andersartigkeit akzeptiert, ist das auch eine Art, ihm Respekt zu erweisen.

Sechster Tag

Überlegen Sie heute morgen, welche drei Personen Sie im Lauf des Tages nacheinander treffen werden. Wenn Sie diese Personen vor sich haben, üben Sie gleichzeitig das *Spiegeln von Haltung und Gestik.* Außerdem sollen Sie während der Übung die häufigsten Mikroverhaltensweisen beobachten.

Sie können dabei unsere Liste von Verhaltensweisen zur Hand nehmen und Punkt für Punkt durchgehen, welche der Verhaltensweisen aufgetreten sind.

Siebter Tag

Bei den selben drei Personen wie am Vortag oder drei anderen sollen Sie heute Körperhaltung und Gestik spiegeln und dabei *sämtliche Körperbewegungen symmetrisch reproduzieren,* natürlich immer mit dem nötigen Takt und Feingefühl.

Achter Tag

Nehmen Sie sich für heute wenigstens zwei Gespräche mit zwei verschiedenen Personen vor, die jeweils nicht länger als eine Viertelstunde dauern sollten. Spiegeln Sie die allgemeine Körperhaltung, Gesten, Kopfbewegungen, Lautstärke und Sprechgeschwindigkeit. Sobald Sie meinen, daß ein guter Rapport besteht, *verändern Sie einen der Parameter,* indem Sie beipielsweise die Beine übereinanderschlagen, die Arme verschränken, die verschränkten Arme öffnen, oder die Neigung des Oberkörpers verändern. Beobachten Sie anschließend, ob Ihre Partnerin oder Ihr Partner – symmetrisch oder übertragen – seine Haltung ebenfalls verändert. Wenn nicht, probieren Sie es mit einer anderen Art von Veränderung.

Es ist übrigens ratsam, die Veränderung in einem Augenblick durchzuführen, indem Sie gerade eine Frage stellen. Um Ihre Frage zu verstehen und zu beantworten, muß Ihr Gegenüber die spannungsfreie Dialogatmosphäre aufrechterhalten, die Sie seit Beginn des Gesprächs geschaffen haben. Aus diesem Grund wird die Partnerin oder der Partner ganz unbewußt das Verhalten ähnlich wie Sie modifizieren, um „am Ball zu bleiben".

Hier ein paar Vorschläge, wie man Parameter beim Spiegeln abwandeln kann: Ändern Sie die Neigung des Kopfes oder des ganzen Oberkörpers; seufzen Sie; sprechen Sie lauter oder leiser; reden Sie schneller; unterstreichen Sie Ihre Worte mit Handbewegungen …

Sie müssen dabei damit rechnen, daß auch Ihr Gesprächspartner in übertragener Weise reagieren kann. Wenn Sie beispielsweise mit dem linken Arm eine ausholende langsame Bewegung ausführen und damit einen Zweifel bekunden, reagiert Ihr Gegenüber möglicherweise mit einer Spiegelung und bringt mit Kopf- und Augenbrauenbewegungen ähnlichen Zweifel zum Ausdruck. Wenn Sie ganz nebenbei den Hemdkragen öffnen, kann es sein, daß Ihr Partner kurze Zeit darauf die Jacke aufknöpft usw.

Neunter Tag
Sie sind nun schon geübt im nonverbalen Spiegeln. Ein Kompliment dafür! Nun erinnern Sie sich, daß der hiermit geschaffene Rapport für den Verlauf eines Gesprächs, egal mit welchem Partner, von fundamentaler

Bedeutung ist: Auf diese Spiegelungstechnik müssen Sie immer dann zurückgreifen, wenn bei der Kommunikation mit einem Gesprächspartner Probleme auftreten.

Machen Sie heute einmal eine Gegenprobe. Suchen Sie sich zwei Personen aus, und wählen Sie wenigstens vier Parameter zum Spiegeln aus. Prüfen Sie, ob der Rapport zustandegekommen ist. Nun *brechen Sie den Rapport* auf der ganzen Linie, indem Sie die nonverbalen Parameter allesamt verändern. Beobachten Sie anschließend, wie sich Ihr Verhalten auf die Person auswirkt (lassen Sie diese Phase aber nicht länger als zwei Minuten andauern), um anschließend den Rapport wieder herzustellen.

Was war am nonverbalen Verhalten Ihres Partners festzustellen? Was haben Sie an sich selbst bemerkt? Können Sie sich noch an das erinnern, was Ihr Partner während dieser Phase gesagt hat? Was empfanden Sie selbst während dieser Zeit?

In den meisten Fällen ergibt sich auf beiden Seiten ein unangenehmes Gefühl. Es kommt zu deutlichen Kontaktverlusten, und oft führt das ungute Gefühl gegenseitigen Mißverstehens zu Verwirrung. Merken Sie sich aber auch, daß Sie diesen Weg ganz bewußt wählen können, wenn Sie einmal Ihren Widerspruch deutlich machen oder ein Gespräch abbrechen wollen. Aus den gleichen Gründen kann aber auch Ihr Gegenüber plötzlich und spontan den Rapport brechen.

Sylvane, Mitarbeiterin in einem kleinen Unternehmensberatungsteam

Es war eine Situation, für die man gute Nerven braucht: Es ging darum, den Direktoren eines Großunternehmens eine sehr einschneidende Maßnahme vorzuschlagen. Wir saßen zu zweit den bei-

den Gesprächspartnern von der Unternehmensleitung gegenüber. Der Personalchef, ein recht sympathischer Mann (der an der Entwicklung unseres Projekts selbst mit beteiligt war), hielt sich bedeckt. Sein Chef, etwas undurchsichtig und distanziert, wartete auf unseren Vortrag.

Mein Kollege B. begann mit der Präsentation. Während er redete, spiegelte er die Körperhaltung des Direktors, und ich tat es ebenso. Nach ein paar Minuten überprüfte B., ob der Rapport hergestellt war, indem er die eigene Haltung veränderte. Der Direktor veränderte die seine ebenfalls. In diesem Augenblick mischte sich nun allerdings der Personalchef ein, stellte ein paar Fragen und erhob Einwände. Wir hatten ihn nicht in unsere Spiegelung einbezogen. Ich entschloß mich daher, ihn nun meinerseits zu spiegeln. Wir spiegelten einander nun paarweise: mein Kollege den Direktor und ich den Personalchef.

Der Zauber wirkte innerhalb von wenigen Minuten: Der Personalchef blickte zunehmend auf mich, er brachte nur noch Zusatzbemerkungen vor, ein paar Fragen nach Präzisierungen und positive Vorschläge. Ich überprüfte das Bestehen des Rapports, indem ich erneut die beiden anderen spiegelte, und diesmal zog der Personalchef mit. Jetzt bestand allseitige Spiegelung, bis der Personalchef, der schwerwiegende Planungsprobleme vor sich hatte, wiederum den Rapport brach. Es gelang uns aber, einen Kompromiß zu finden, und die Sache wurde beschlossen.

Ich wußte zwar vorher schon, wie durchschlagend die Wirkung des Spiegelns sein kann, aber diesmal hat mich das Ergebnis doch wirklich beeindruckt.

Franziska, Programmiererin

Die Situation: Wöchentliche Konferenz einer Ar-
beitsgruppe. Teilnehmer sind der vorgesetzte Team-
chef als Gesprächsleiter, vier Mitglieder des Teams
und ich selbst als Beobachterin und „Gasthörerin",
selbst nicht unmittelbar betroffen von dem Thema
und der Message, die es der Gruppe zu vermitteln
gilt.

Erste Phase
Die Spiegelung zwischen sämtlichen Gruppenmit-
gliedern und dem Leiter ist geradezu perfekt: selbe
Haltung, selber Tonfall. Die Botschaft scheint ange-
kommen zu sein. Zwar gibt es ein paar Reaktionen,
aber das sind eher Rückfragen, Wiederholungen
„mit anderen Worten" oder Präzisierungen, also
keine nennenswerte Opposition.

Plötzlich bricht ein Gruppenmitglied den Rap-
port, verändert die Haltung, wird aggressiv, wird
lauter und redet schneller.

Zweite Phase
Die gesamte Gruppe bricht daraufhin den Rapport:
Alle werden lauter, reden hastiger, des öfteren wird
heftig gestikuliert. Die Diskussion gerät völlig aus
den Fugen. Es herrscht Ablehnung und Blockade,
man versteht die Welt nicht mehr. Fragen bleiben
ohne Antwort, Antworten gehen an den Fragen vor-
bei.

In beiden Phasen habe ich mich selbst noch nicht
zu Wort gemeldet; nun entschließe ich mich aber,
meinen Kollegen zu unterstützen und die neuen
Hilfsmittel einzusetzen, die ich im NLP-Training
entdeckt habe.

Dritte Phase

Ich spiegele den „Störenfried", sage zur Sache selbst zwar nichts Neues, schalte mich aber mit einfachen Rückfragen und Umformulierungen ein. Nachdem ein Rapport mit dem „Ruhestörer" erzielt ist, versuche ich, den Rapport wieder auf die gesamte Gruppe auszudehnen. Die Gruppe zieht mit.

Vierte Phase

Der Gruppenleiter, mit dem von neuem der Rapport aufgebaut wurde, ohne daß er es bemerkt hätte, bekommt die Diskussion wieder in den Griff und trägt seine – inhaltlich nur etwas „ergänzte" – Message noch einmal vor. Dieser Teil der Konferenz führt nun zu einem positiven Ergebnis.

Schluß

Nach der Versammlung kommt der Leiter spontan auf mich zu und sagt: „Danke für Deinen Beitrag. Übrigens habe ich bis jetzt nicht kapiert, wie Du das hingekriegt hast. Du hast doch auch nichts anderes gesagt als ich und meine Message einfach nur wiederholt."

2

Ein Auge haben für die Augen: Augenbewegungen als Zugangshinweise

Was meinen wir mit Augenbewegungen?

Den NLP-Gründern war aufgefallen, daß die Augenbewegungen nicht ganz zufällig in diese oder jene Richtung gehen, sondern daß sie damit zusammenhängen, wie jemand gerade denkt. Je nachdem, ob wir uns eher bildlich etwas vorstellen, ob wir mit uns selber sprechen oder Gefühle empfinden, blicken wir mit unseren Augen eher in diese Richtung als in jene.

Nehmen wir ein Beispiel. Wenn Sie jetzt Bernard fragen: „Wo warst Du eigentlich heute vor einer Woche um diese Uhrzeit?", dann ist zu beobachten, wie er erst die Augenbrauen zusammenzieht, einen Augenblick nach rechts unten blickt (aus der Perspektive des Beobachters), dann gehen die Augen kurz hin und her, blicken ein paar Sekunden nach rechts oben, bis er Sie am Ende wieder anschaut und die Antwort gibt. (Wir beschreiben im folgenden die Augenbewegungen immer aus der Blickrichtung des Beobachtenden.) Innerlich hat er während dieser Zeit – erstens – die Frage für sich noch einmal wiederholt, um sie richtig zu verstehen (Blick nach rechts unten), dann hat er – zweitens – visuell in seiner eigenen mentalen Bilderwelt die Orte gesucht, wo er sich an jenem Tag aufgehalten hat (Blick nach rechts oben), um dann – drittens – seinen Partner wieder anzublicken und die Antwort zu geben.

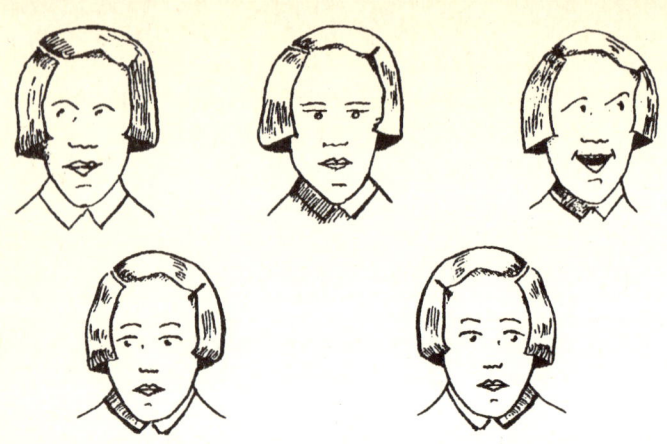

Welche Bewegungen gilt es zu beobachten?

Wir beschränken uns hier auf drei Typen der Blickrichtung: den visuellen Blick, den kinästhetischen Blick und den Blick beim inneren Dialog. („Kinästhetisch" nennen wir alles, was Empfindungen oder Emotionen betrifft, beispielsweise wenn einem die Kehle wie zugeschnürt ist, wenn einem heiß und kalt wird, wenn man sich traurig fühlt …) Generell und bei der Mehrzahl der Menschen gehen bildhafte Vorstellungen mit Augenbewegungen einher, bei denen man entweder nach oben oder vor sich hin blickt. Geht der Blick nach *oben*, kann er nach links, zur Mitte oder nach rechts gerichtet sein. Blickt man *vor sich hin*, dann entspricht dies dem Ausdruck „ins Leere blicken". Der Blick ist dabei nicht mehr focusiert, und die Pupillen sind oft leicht vergrößert.

Die Blickbewegungen nennt man auch *visuelle Phasen*. Sie können sehr verschiedenartig sein, kürzer oder länger dauern und mehr oder minder markant ausfallen.

Wenn jemand innerlich mit sich selbst spricht, vor allem wenn jemand ganz in Gedanken versunken ist, dann neigt er sehr häufig dazu, den Blick nach *rechts unten* zu richten (die sogenannte „Telefongesprächsposition").

Wenn jemand Gefühle oder Empfindungen wiederentdeckt oder neu erlebt, kann man beobachten, wie sich der Blick nach *links unten* richtet.

Immer wenn man die eine oder andere Augenbewegung beobachten kann, bedeutet dies, daß nun gerade der eine oder andere Denkmodus dominiert.

Wozu soll man auf Augenbewegungen achten?

Das Beobachten der Augenbewegungen dient vor allem zwei Zielen:

- Erstens wollen wir uns *im Gespräch besser auf unseren Gesprächspartner einstellen,* indem wir eine Kommunikationsweise wählen, die mit seiner Vorstellungsform der Dinge im Einklang steht.

Beispiel: Nelly führt ein Gespräch mit einem Klienten, der sehr langsam spricht und ständig die gleiche *Sequenz* verwendet (unter Sequenz verstehen wir hier eine Abfolge von verschiedenen visuellen Phasen, die sich aus dem Suchprozeß der Person in der bestimmten Situation ergibt): Zuerst blickt er nach links unten, ein paar Sekunden später nach rechts unten, dann hebt er ein wenig die Augen und sagt ein paar Worte. Danach blickt er wieder nach links unten usw. Nelly wählt daher bewußt eine langsamere Sprechgeschwindigkeit (siehe das Kapitel zum Spiegeln) und dazu ein Vokabular, das möglichst die „kinästhetischen" Empfindungen (siehe unser drittes Kapitel über die „Prädikate") und den inneren Dialog anspricht.

- Zweitens gilt es, *die mentalen Sequenzen beim Partner innerhalb von verschiedenen Denkabläufen* auszumachen.

So kommt zum Beispiel eine Patientin zu Bernard und klagt über depressive Phasen, in denen sie gleichsam den Boden unter den Füßen verliert. Sie fühlt sich dann völlig mutlos, minderwertig, alleingelassen und traurig. Auf Bernards Frage, in welcher Weise und bei welchen Anlässen sie dies alles im Lauf des Tages erlebt, erzählt sie ihm (Augen auf ihn gerichtet) von ihren Haushaltsbeschäftigungen. Sobald sie dabei auf eine Schwierigkeit oder auf eine wichtigere Aufgabe zu sprechen kommt (Augen nach rechts unten), neigt sie den Kopf etwas und legt eine kurze Redepause ein. Dann wechselt ihre Blickrichtung nach links unten, und sie läßt die Schultern sinken. Sie sagt: „Ich fühle mich dann schrecklich mutlos und niedergeschlagen."

Die Beobachtung, daß der Blick nach rechts unten geht, läßt vermuten, daß die Patientin innerlich mit sich selbst spricht. Die simple Frage: „Und wenn Sie auf etwas Schwieriges stoßen, was sagen Sie sich dann?" löst bei ihr eine ganze Serie von abwertenden Sätzen aus nach dem Muster: „Das schaffst du sowieso nicht; das ist zu schwer für dich; ohne Hilfe von außen kriegst du das nie hin" usw. Diese Art Litanei bleibt unterbewußt. Die Patientin hatte selbst nicht gemerkt, daß sie sich solche Reden hielt, aber als Bernard sie danach fragte, kam ihr das alles „schon immer" irgendwie bekannt vor. Sie hatte darin offenbar die Stimme ihrer Mutter wiedererkannt. Solche Klärungen machten es im weiteren möglich, eine wirksamere Therapie einzuleiten.

Ein weiteres Beispiel: Nelly hat einen Klienten vor sich, der im Büro ständig auf und ab geht, dabei die Augen nach rechts unten richtet und sichtlich in einen inneren Diskurs versunken ist. Nelly fordert ihn zum Sprechen auf und fragt: „Also, was sagen Sie sich denn nun selbst?" Worauf der Mann antwortet: „Nun, ich sage mir ..."

Wenn die richtige Frage gestellt wird, ist man immer wieder überrascht, wie rasch und spontan die Antwort folgt. In manchen Augenblicken fragt man deshalb besser: „Was sagen Sie sich selbst?" als etwa: „Was ist denn dazu Ihre Ansicht?" oder „Was haben Sie dabei für Gefühle?" Es ist, als drückte man im richtigen Augenblick auf den richtigen Knopf, um den richtigen Stromkreis einzuschalten.

Wie bekommt man den Blick für die Augenblicke?

Zehnter Tag
Heute *achten Sie auf Augenbewegungen nach oben und auf defocusierte Blicke* (ins Leere oder in die Ferne). Jedesmal, wenn Sie solche sogenannten „visuellen Phasen" und Blickbewegungen entdecken, machen Sie sich in Gedanken den Vermerk „visuell". Visuelle Phasen können spontan auftreten oder durch Ihre Fragen provoziert werden.

Bis zum Abend werden Sie sicher bemerkt haben, daß Zahl und Dauer der von Ihnen beobachteten visuellen Phasen von Person zu Person stark variieren. Bei manchen Personen konnten Sie nichts dergleichen feststellen, bei anderen nur hin und wieder. In einigen Fällen schließlich konnten Sie aber auch visuelle Phasen beobachten, die mehrere Sekunden andauerten. Das besagt natürlich noch nichts über das, was die Person gerade denkt. Sie wissen nur etwas über das System, das sie in diesen Phasen verwendet hat, um sich den Gedanken vorzustellen und in Form zu bringen, den sie anschließend in Worten mitgeteilt hat.

Elfter Tag

Achten Sie heute auf *Augenbewegungen nach links unten,* und machen Sie sich dazu jeweils innerlich den Vermerk „kinästhetisch". Vergessen Sie nicht, daß die richtigen Fragen Ihnen dabei helfen können. Beobachten Sie die Augenbewegungen auch in Filmen oder Fernsehsendungen. Wenn Sie bei einer Person in Ihrem Umfeld derartige Bewegungen beobachten, können Sie beispielsweise fragen: *Woran hast du damals eigentlich gemerkt, daß du verliebt warst? Was war bisher dein lustigstes Erlebnis? Was hast du dabei empfunden, als du erfahren hast, daß ...?*

Vielleicht haben Sie selbst schon gemerkt, daß diese Art von Augenbewegungen oft mit einer Veränderung beim Reden einhergeht. Um ein Gefühl wahrzunehmen oder mental einem physischen Empfinden nachzuspüren, muß man nämlich das entsprechende innere Erleben rekonstruieren, und dazu muß man die tieferliegenden und archaischen Strukturen des Gehirns mit einsetzen. Während der dazu benötigten Zeitspanne wird die Sprechweise langsamer, oder es kommt zu Pausen.

Zwölfter Tag
Das Tagestraining soll für Sie darin bestehen, die *Augenbewegungen nach rechts unten* zu entdecken: Sie entsprechen einem inneren Dialog. Machen Sie sich jedesmal die gedankliche Notiz: „innerer Dialog".

Wie bei den übrigen Phasen können Sie natürlich auch hier leichter etwas finden, wenn Sie der beobachteten Person Fragen stellen. Je mehr das Thema die Person veranlaßt, die eigenen Gedanken zu offenbaren oder nachzudenken, desto häufiger werden Sie interessante Augenbewegungen beobachten; bei einer oberflächlichen Unterhaltung dagegen werden solche Bewegungen eher selten sein.

Achtung: Wir möchten Sie noch darauf hinweisen, daß bei manchen Personen, besonders bei Linkshändern, eine Seitenverkehrung in den Gehirnfunktionen möglich ist. Manche Leute blicken daher in kinästhetischen Phasen nach rechts unten und beim inneren Dialog nach links unten.

Dreizehnter Tag
Ab heute beginnen Sie damit, *sämtliche Ihnen bekannten Augenbewegungen gleichzeitig zu beobachten.* Sofern sie isoliert und wiederholt auftreten, können Sie sich weiter innerlich Ihre Notizen machen. Wenn Sie eine Abfolge von zwei verschiedenen Blickbewegungen

feststellen, halten Sie in Gedanken fest: „Sequenz".
Beispiel: „*Welchen Film hast Du zuletzt gesehen? – Mal überlegen* (Blick nach oben), *letzte Woche habe ich einen Film gesehen mit, äh ...* (Blick nach rechts unten) *... mit Gérard Depardieu.* Merken Sie sich dabei: Visuelle Phase + innerer Dialog = Sequenz.

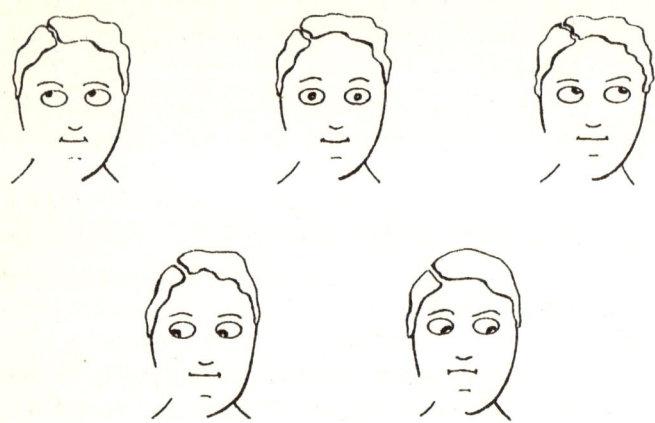

Ein besonderes Kompliment für alle, die schon eine Sequenz mit mehreren Augenbewegungen entdecken konnten wie im folgenden Beispiel: *Das Problem sehe ich durchaus* (Blick nach oben). *Wenn ich mir das genauer überlege, muß ich mir sagen* (Blick nach rechts unten), *das werden wir diesmal wohl nicht so leicht hinkriegen* (Blick nach links unten).

Vierzehnter Tag
Machen Sie heute weiter mit der Übung vom Vortag, und achten Sie diesmal besonders darauf, *die häufigsten Sequenzen der Augenbewegungen* bei nahestehenden Personen ausfindig zu machen. Das geht am besten, wenn Sie ihnen Fragen stellen, vor deren Beantwortung sie immer erst nachdenken müssen. Beispielsweise:

42

Kannst du dich noch genauer daran erinnern, welche Bemerkung der Produktionsleiter letzte Woche in der Konferenz gemacht hat? – Sie haben doch ein gutes Gedächtnis, wissen Sie vielleicht noch, welche Farben Herr X bei seinen Krawatten bevorzugt?

Prüfen Sie nach, ob die Sequenzen bei ein und derselben Person immer wieder die gleiche Abfolge haben. Wenn dem so ist, sollten Sie sich dennoch vor allzu voreiligen Schlußfolgerungen nach dem Muster: „Dieser Mann denkt immer nach Schema F" hüten. Das mag zwar für die von Ihnen beobachteten Sequenzen stimmen, es muß aber nicht bei allen anderen so sein. Bleiben Sie auf der Hut. Achten Sie immer auf den akutellen Augenblick, beobachten Sie hier und jetzt.

Fünfzehnter und sechzehnter Tag

Wiederholen Sie die Übung vom vierzehnten Tag. Die sonstigen beobachtbaren Augenbewegungen haben wir nicht näher untersucht und auch bei den visuellen Phasen nicht zwischen Blicken nach links und rechts getrennt, die zwar gleichgearteten Gedankentätigkeiten entsprechen, sich aber dennoch voneinander unterscheiden. Der Blick nach *rechts oben* richtet sich nämlich auf Bilder aus der Erinnerung (visuelles Gedächtnis) und der Blick *nach links oben* auf visuelle Konstruktionen (Imagination, Vorstellung im wörtlichen Sinn). Das gilt ebenso für links und rechts bei auditiven Phasen. (Wenn man eine Person auffordert, sich an ein Geräusch oder einen Ton zu erinnern, wandern ihre Augen nach rechts oder nach links.)

Unserer Meinung nach sind es aber im Rahmen eines Buches zum Selbsttraining drei wesentliche Blickbewegungen, die man kennen muß, und diese drei (visuell, kinästhetisch, innerer Dialog) haben Sie schon studiert. In den meisten Fällen reichen sie für die Praxis bei weitem aus.

Haben Sie übrigens einmal daran gedacht, bewußt auf Ihre eigenen Augenbewegungen zu achten? Wenn ja, dann alle Achtung! Falls nicht, dann nehmen Sie sich einen Augenblick Zeit, und lassen sie noch einmal die Übungen aus der vergangenen Woche vor sich ablaufen. Können Sie sich beispielsweise noch erinnern, welche Entdeckung Ihnen als erste auffiel? Wenn Sie die Antwort gefunden haben, überlegen Sie, was Sie gemacht haben, um die Antwort zu finden. Haben Sie dabei vielleicht nach oben oder vor sich hin geschaut, um die Szenen noch einmals Revue passieren zu lassen, oder haben Sie die gestellte Frage noch einmal oder auch mehrmals für sich wiederholt? Falls letzteres zutrifft: Haben Sie dabei vielleicht – von *Ihnen* aus gesehen – nach unten links geschaut (also nach unten rechts aus der Sicht eines Beobachters)?

Achten Sie sorgfältig auch auf Ihre eigenen Denkstrategien. Das wird sich für Sie als sehr nützlich erweisen. Wenn wir uns der Unterschiede zwischen den eigenen Strategien und denen der anderen bewußt sind, können wir uns besser auf andere einstellen.

3

Auf die Worte hören:
„Prädikate" als Zugangshinweise

Für eine Weile lassen wir nun die Augenbewegungen beiseite und interessieren uns für eine zweite Art und Weise, dem inneren Vorstellungssystem („Repräsentationssystem") einer Person näherzukommen: für ihre Prädikate.

Was ist mit Prädikaten gemeint?

Mit dem Wort „Prädikate" bezeichnen wir die Gesamtheit aller Substantive, Verben, Adjektive, Adverbien, die zu dem sensorischen Repräsentationssystem gehören, in dem sich eine Person beim Sprechen bewegt. Das Repräsentationssystem interessiert uns deshalb, weil es uns zu der Art hinführt, wie eine Person vorzugsweise die Welt betrachtet. Wenn jemand zu Ihnen sagt: „Ich sehe schon, daß unser Projekt so läuft, wie wir es uns vorgestellt haben", dann können Sie schon fast sicher sein, daß Ihr Gegenüber dabei schon in Gedanken ein oder mehrere Bilder von diesem Projekt konstruiert und jetzt vor Augen hat.

Schieben wir an dieser Stelle zunächst noch eine Stilübung ein, die lediglich den Zweck haben soll, Sie in spielerischer Weise für den Zugang zu den verschiedenen Repräsentationssystemen zu sensibilisieren. Diese lassen sich zu vier größeren Repräsentationssystemen gruppieren: Wir sprechen von der visuellen, auditiven, kinästhetischen und „olfaktorisch-gustativen" Modalität (dieser letztgenannte Begriff bezieht sich auf unseren Geruchs- und Geschmackssinn). Hier nun der Ausgangstext für unsere Stilübung: *Diese schwerwiegende Affäre von doppelten Abrechnungen führte zur Aufdeckung weiterer, nicht weniger schwerwiegender Fälle von Veruntreuung. Sollte sich die Firmenleitung da einschalten, wird sie garantiert den Personalchef mit einer Untersuchung beauftragen, und der wird dann schon durchgreifen.*

Visuelle Modalität: *Im Schlaglicht dieser Affäre der doppelten Abrechnungen war es möglich, noch andere zwielichtige Praktiken ans Tageslicht zu fördern. Sollte das der Direktion vor Augen kommen, dann ist jetzt schon klar ersichtlich, daß der Personalchef Aussichten hat auf einen Untersuchungsauftrag, um diese Affären einmal gründlich zu durchleuchten.*

Auditive Modalität: *Nach dem ersten Paukenschlag dieser Affäre der doppelten Abrechnungen wurden Gerüchte um weitere Fälle von Veruntreuung immer lauter. Sollte das alles der Direktion zu Ohren kommen, wird sie garantiert die ganze Wahrheit hören wollen und mit dem Personalchef ein paar Takte reden, damit der das Ende der Geschichte einläutet.*

Kinästhetische Modalität: *Diese traurige Geschichte der doppelten Abrechnungen machte es möglich, noch andere Fälle von Veruntreuung hervorzukehren. Da ist es begreiflich, daß es der Direktion sehr am Herzen liegen muß, nach der ganzen Wahrheit zu suchen. Sie wird wohl auf den Personalchef eindringen, damit er die ganze Sache in die Hand nimmt.*

Geruchs-Geschmacks-Modalität: *In diese ekelerregende Affäre doppelter Abrechnungen mischt sich noch der üble Geruch weiterer, genauso unappetitlicher Fälle von Veruntreuung. Das dürfte kaum nach dem Geschmack der Direktion sein, daher wird sie garantiert den Personalchef beauftragen, mal seine Nase in die anrüchige Geschichte zu stecken.*

Was wir hier machen, ist nur ein Spiel, aber wenn Sie genauer darauf achten, werden Sie feststellen, daß solche Sprechweisen häufig vorkommen.

Achten Sie auch auf Beispiele aus der Werbung wie beispielsweise Werbespots für Autos der höheren Klasse, bei denen man das Geräusch einer Wagentür hört und sich dazu den Duft der neuen Polster vorstellen soll. Die Vielschichtigkeit dieser Werbemessage beruht darauf, daß mit Absicht mehrere Kanäle mentaler Vorstellung einbezogen werden.

Alles, was ansonsten nicht unter dieses VAKO-Schema (**V**isuell-**A**uditiv-**K**inästhetisch-**O**lfaktorisch) fällt, gehört zu den „neutralen" Prädikaten. Vor allem technische und politische Reden sind voll von solchen neutralen Prädikaten.

Wozu dienen die Prädikate?

Wenn es uns gelingt, die verwendeten Prädikate zu identifizieren, können wir besser verstehen, wie unser Partner innerlich erlebt, was er uns erzählt. Wenn man in einem Dialog – egal ob es sich um eine therapeutische Sitzung, um eine Geschäftsverhandlung oder einfach um ein Gespäch unter Freunden handelt – auf die Prädikate achtet, dann erhält man die Möglichkeit, die gehörten Worte aufzugreifen und taktvoll Fragen im selben sensorischen Repräsentationssystem zu stellen. Das erleichtert uns den Dialog, ohne daß unsere Partner verunsichert werden.

Ein Kontrastbeispiel dazu: Ein namhafter Wissenschaftler wurde von einem nicht weniger prominenten Journalisten im Fernsehen interviewt. Der Wissenschaftler äußerte sich während der Sendung im Rahmen des „kinästhetischen und auditiven" Repräsentationssystems. Er blickte wechselweise von links unten nach rechts unten, seine Sätze kamen langsam, und das Vokabular war fast ausschließlich dem „KA"-Repräsentationssystem (kinästhetisch-auditiv) zuzuordnen. Der Journalist aber drückte sich vorwiegend visuell aus und sprach auch viel schneller. Gegen Ende des Interviews fragte er seinen Studiogast: „Wenn Sie in die Zukunft der Jugendlichen von heute blicken, finden Sie nicht auch, daß es für sie ziemlich düster ist am Horizont?" Der Wissenschaftler machte eine Pause, zog die Augenbrauen zusammen, hob die Augen ein wenig, um dann zu gestehen: „Am Horizont ... das weiß ich nicht ..." Seine Augen blickten nach rechts unten, dann nach links, und dann meinte er: „Aber wenn ich an ihre Zukunft denke, muß ich mir sagen, es wird für sie nicht leicht." Ein Großteil des Gesprächs war gestört durch solche Brüche im Rhythmus und im gegenseitigen Verstehen. Der Dialog hätte viel an Flüssigkeit und Reichhaltigkeit gewinnen können, hätte der Interviewer seine Fragen, so interessant sie waren, im Repräsentationssystem des Befragten gestellt.

Wie lernt man, auf die Prädikate zu achten?

Siebzehnter Tag

Ihre ganze Aufmerksamkeit gilt heute den *Prädikaten, die eine Person verwendet,* sei es im Gespäch, während einer Konferenz oder in einer Fernsehsendung. Prüfen Sie dabei, ob bei der betreffenden Person eine Tendenz zu erkennen ist, den einen oder anderen Kanal (von den vier oben genannten VAKO-Kanälen) mit Vorliebe zu gebrauchen.

Am besten machen Sie sich dazu vorher eine Vierspaltentabelle mit den Überschriften *visuell, auditiv, kinästhetisch, geruchlich-geschmacklich.* Sie brauchen dann das jeweils erkannte Prädikat nur in die entsprechende Spalte einzutragen. Nehmen wir als Beispiel eine Aussage folgender Art: *Sie können sich doch vorstellen, daß unsere Partei auf eine so windige Geschichte nicht hereinfallen wird. Das ist doch vermintes Gelände! Wir sagen uns, die eigene Courage wird uns den Weg schon klar und deutlich zeigen, den wir zu verfolgen haben ...* Daraus ergibt sich die folgende Tabelle:

Visuell	Auditiv	Kinästhetisch	Geruchlich-geschmacklich
sich vorstellen klar und deutlich zeigen	wir sagen uns	windig hereinfallen vermintes Gelände Courage verfolgen	

Typische Ausdrücke aus den verschiedenen Repräsentationssystemen

Visuell
Bild, Hintergrund, umrahmen, sehen, schauen, zeigen, verstecken, erhellen, veranschaulichen, Perspektiven, Image, hell, blitzartig, einleuchtend, dunkel, glänzend, brillant, farbig, verschwommen, unscharf, klar und deutlich, vage, ein rosiges Leben, schwarzsehen, Schwarz-Weiß-Malerei, Farbe, herausfinden, unterscheiden, anzielen, entdecken, exponieren, Gesichtspunkt, Schauspiel, Überblick, Wolke, Grafik, Bildschirm, Klischee, Szene, Blitzlicht, auf den ersten Blick, das ist unvorstellbar usw.

Auditiv
Einen Floh ins Ohr setzen, hören, sprechen, reden, sagen, horchen, befragen, erzählen, klingen, tönen, Dialog, selbstredend, selbstverständlich, Einklang, Disharmonie, mit anderen Worten, Geräusch, Ton, Rhythmus, klangvoll, Tonart, Note, melodisch, musikalisch, Mißklang, lärmend, das klingt vernünftig, das hört sich gut/falsch an, dröhnen, Widerhall, das sagt mir nichts, leise, geschwätzig, sich zu Wort melden, sich Gehör verschaffen, Lautsprecher, ein Ohr haben für, schreien, fragen, aushorchen, ein positives Echo, die gleiche Wellenlänge, es hat bei mir geklickt, Sprache, Stimme, das ist unerhört usw.

Kinästhetisch
Des Pudels Kern, vom Hölzchen aufs Stöckchen, die Sache in die Hand nehmen, Gänsehaut, das ist toll, anpacken, einen Schnitt machen, spüren, schuften, tasten, handgreiflich, schwimmen, schweben, Druck, in Kontakt mit, lasch, locker, konkret, fest, sensibel, unemp-

findlich, zartbesaitet, solide, weich, verletzen, warmherzig, kalt, leicht, gewichtig, handfest, den Finger in die Wunde legen, tragen, Spannung, Einfluß, Gefühl, Schock, auf dem Teppich bleiben, eine helfende Hand, das liegt mir im Magen, den Tränen nahe usw.

Geruchlich
Duft, schnüffeln, Parfüm, das riecht brenzlig, Geld stinkt nicht, seine Nase hineinstecken, von etwas Wind bekommen usw.

Geschmacklich
Schmecken, das Wasser läuft im Mund zusammen, auskosten, Ekel, Wohlgeschmack, saftig, süß, kein Honigschlecken, da beißt keine Maus den Faden ab usw.

Neutral
Denken, verstehen, wissen, lernen, überlegen, sich erinnern, glauben, Sache, irgendetwas, merken, bewußt, wissentlich usw.

Achtzehnter bis zwanzigster Tag
Widmen Sie an den drei kommenden Tagen täglich eine halbe Stunde der Aufgabe, genau *auf die Prädikate von drei verschiedenen Personen zu hören,* also zehn Minuten pro Person. Damit lernen Sie herauszufinden, aus welchem Repräsentationssystem die Personen jeweils die meisten ihrer Prädikate beziehen.

Aus eigenen Erfahrungen wissen wir, daß die meisten Kursteilnehmer, die mit NLP-Training beginnen, es nervtötend finden, über längere Zeit hinweg ständig auf die Prädikate achten zu müssen. Wir empfehlen Ihnen deshalb kürzere Zeiten, wobei Ihnen die Aufgabe leichter fällt, wenn Sie sich in die Rolle eines Orchesterdirigenten versetzen. Er konzentriert seine Aufmerksam-

keit bei den vielen Musikern nicht auf jede einzelne ge-
spielte Note, sondern muß imstande sein, die falschen
Noten herauszuhören, für die melodische und rhythmi-
sche Koordinierung des Ganzen zu sorgen und auf die
Nuancen und Phrasierungen zu achten.

Einundzwanzigster und zweiundzwanzigster Tag
Heute und morgen werden Sie üben, *typische Vokabeln
aus dem visuell-auditiven-kinästhetischen Repräsentationssystem im eigenen Sprechen zu verwenden* (und
dabei das *Geruchs-Geschmacks-Repräsentationssy-
stem* in das letzgenannte mit einzubeziehen). Verwenden Sie die Repräsentationssysteme paarweise, um sich
an ihren Gebrauch zu gewöhnen. Beispielsweise so:
- Visuell-auditiv: *Ich sehe ganz deutlich, worauf Sie
  mit Ihren Aussagen abzielen wollen. Die ganze Diskussion hat unsere Perspektiven nur verdunkelt.*
- Auditiv-kinästhetisch: *Je länger ich mit Ihnen rede,
  desto geringer scheint Ihr Unbehagen. Ich habe mich
  auch viel wohler gefühlt, nachdem ich mir sagte, so
  schlimm werde es wohl doch nicht kommen.*
- Kinästhetisch-visuell: *Und immer wenn ich sie sehe,
  spüre ich innerlich ein Herzklopfen. Sie steckt nämlich bis zum Hals in einer zwielichtigen Abrech-
  nungsaffäre.*
An beiden Tagen entscheiden Sie sich vor jedem Gespräch, aus welchem Paar von Repräsentationssystemen Sie Ihr Vokabular nun auswählen wollen. Halten
Sie sich während des Gesprächs auch dann weiter an die
Vorgabe, wenn die Verständlichkeit Ihrer eigenen Rede
darunter leidet; äußern Sie wenigstens drei Sätze mit
Prädikaten Ihrer Vorwahl. In manchen Fällen wird Ihnen das natürlich leichter fallen als in anderen. Zweck
der Übung ist es, daß Sie für diesen Aspekt der Kommunikation hellhörig werden; Sie sollen lernen, sich

den Repräsentationssystemen Ihrer Gesprächspartner rasch anpassen zu können.

Dreiundzwanzigster bis fünfundzwanzigster Tag
Kehren wir nun zu den Augenbewegungen zurück. Es gibt nämlich eine natürliche Wechselbeziehung zwischen den Augenbewegungen und den Prädikaten. Man kann sich kaum einen Menschen denken, der eine form- und farbenfreudige visuelle Vorstellungskraft besitzt und gleichzeitig ausschließlich ein kinästhetisches Vokabular der Empfindungen und Gefühle benutzt. Um Gefühle oder eine Sinnesempfindung wahrzunehmen, wird eine solche Person meistens erst eine Phase visueller Repräsentation durchlaufen (visuelle Phase, Blick nach oben oder ins Leere), um dann zu spüren, was es zu spüren gibt (kinästhetische Phase, Blick nach unten links). Eine Person hingegen, die kinästhetische Repräsentationen bevorzugt, ist nicht unbedingt auf visuelle mentale Repräsentationen angewiesen, um zu ihren Empfindungen zu gelangen. Sie findet unmittelbarer den Zugang.

Wir schlagen Ihnen vor, nun damit zu beginnen, *die Prädikate in ihrem Bezug zu den Augenbewegungen zu sehen,* sofern diese deutlich und signifikant erkennbar sind. Üben Sie gleich heute schon, nach der Beziehung zu suchen, die beides miteinander verknüpft. Wählen Sie sich dazu zwei Personen aus, mit denen Sie jeweils wenigstens eine Viertelstunde zusammen sind. Hier ein paar Beispiele, wie Sie dabei vorgehen können:
- Ihr Gesprächspartner richtet seit ein paar Sekunden den Blick nach rechts unten, und Sie fragen: *Woran denkst du jetzt? – Ich sagte mir eben, es wäre doch vielleicht einfacher, wenn ...* Damit bestätigt diese Person unbewußt („Ich sagte mir"), daß sie sich in einem inneren Dialog befand (Blick nach unten rechts).

– Ihr Gegenüber schaut auffällig zur Decke, und auf die Frage: *Woran denkst du gerade?* gibt er zur Antwort: *Ich mußte gerade nochmals an gestern Abend denken ... Ich sehe noch vor mir, was X für ein Gesicht machte, als er erfuhr, daß ...* (visuelle Erinnerung).

Es liegt auf der Hand, daß die meisten Prädikate zum neutralen Repräsentationssystem gehören. Aber Struktur und Thema dessen, was im Anschluß an eine Augenbewegung gesagt wird, können eine Bestätigung liefern für den Repräsentationstyp, auf den eine Person gerade zurückgreift. Beispiel: *Was würdest du davon halten, demnächst mit X zusammenzuarbeiten?* – *Naja, also ...* (Blick ins Weite, kurzer Ruck nach rechts unten, dann nach links), *mir wär das nicht so besonders angenehm, ich komme mit seiner Art nicht so ganz klar.* Die Person hat erst eine visuelle Phase, gefolgt von einem inneren Dialog, und sie spürt schließlich die Gefühle, die dem Schlußsatz des kurzen Dialogs zu entnehmen sind. Wie Sie sich erinnern, können Sie aus den Augenbewegungen ja nur den Typ der von einer Person getätigten Gedankengänge ableiten, keineswegs aber schon das, was sie denkt. Widmen Sie dieser Übung drei Tage.

Sechsundzwanzigster bis dreißigster Tag
Finden Sie an jedem der fünf folgenden Tage bei Ihren Gesprächspartnern heraus, welches Repräsentationssystem sie bevorzugen, und stellen Sie ihnen Fragen, in denen Sie selbst dieses System verwenden. Beispiel: *Ich glaube kaum, daß dieses Alpha-Projekt Erfolg haben wird, weil – wie soll ich sagen ...* (Blick nach rechts unten), *mir scheint nämlich, daß da ein paar Schwierigkeiten zur Zeit noch nicht lösbar sind. – Ach wirklich? Was willst du damit sagen?* (Innerer Dialog, daher Verwendung eines auditiven Prädikats.)

Anderes Beispiel: *Falls sich das Projekt Beta wirklich durchsetzen sollte* (Augen links unten, Lächeln), *dann wird das, glaub ich, ein wichtiger Fortschritt für die Firma. – Hast du denn das Gefühl, das wird gut gehen?* (Kinästhetischer Zustand, kinästhetisches Prädikat.)

Ein drittes Beispiel: *Ich hätte da noch eine Super-Idee für das Gamma-Projekt!* (Blick nach oben). – *Bei deiner Phantasie muß das wohl eine tolle Idee sein! Na, zeig mal.* (Visueller Zustand, visuelles Prädikat.)

4
Zusammenhänge zwischen Außen und Innen: Die Technik des „Kalibrierens"

Was heißt „Kalibrieren"?

Kalibrieren ist die Technik, beim Gesprächspartner die nonverbalen Merkmale zu erkennen, von denen man weiß, daß sie bei der betreffenden Person mit einem bestimmten „inneren Zustand" zusammenhängen. Der innere Zustand ist die Befindlichkeit einer Person in einem gegebenen Augenblick, die Art, wie sie ihre Angepaßtheit an die Umwelt „umsetzt": in Heiterkeit, Niedergeschlagenheit, angespannte Konzentration, Zweifel, Selbstsicherheit, Gewißheit, Angst, Glück ... Was jemand im Augenblick jeweils innerlich erlebt, setzt sich aus einer Vielzahl von Verknüpfungen verschiedener Nervenbahnen zusammen, aus denen Bilder, Töne, Sinneswahrnehmungen, Gefühle, Emotionen usw. auftauchen. Diese manifestieren sich wiederum nach außen hin in einem Verhalten, dessen nonverbale Komponenten sich beschreiben lassen. Nehmen wir ein Beispiel: Angenommen, Herr K. ist gerade wütend, und er sagt das auch laut und deutlich. Er beschreibt also verbal die Wut, die er in seinem Inneren erlebt. Gleichzeitig aber liefert er dem Beobachter in seinem Verhalten und Mikroverhalten gleich dutzendweise auch nonverbale Indikatoren:
- in Gesten (plötzliche, heftige Bewegungen, den Zeigefinger auf den Partner gerichtet);
- in der Haltung (er geht ständig im Raum auf und ab);

- im Gesicht (blasse Hautfarbe, flatternde Nasenflügel, wiederholtes Zusammenbeißen der Kiefer, verkniffener Mund, gespitzte Lippen);
- im Blick (hochgezogene Augenbrauen, senkrechte Falte zwischen den Brauen, schnelle Augenbewegungen);
- in der Atmung (schwerer Atem, hörbares Schnaufen, kein Seufzen).

Das alles sind Verhaltensmerkmale, die auf einen Wutanfall bei Herrn K. hinweisen. Wenn wir zu einem späteren Zeitpunkt sehen, daß Herr K. in seinem Verhalten wieder dieselben äußerlichen Anzeichen aufweist, dann können wir, auch ohne etwas von seinen Worten gehört zu haben, mit Gewißheit sagen, daß er sich wieder einmal im selben inneren Zustand des Wütendseins befindet. Wir haben bei diesem Beispiel natürlich etwas dick aufgetragen. Es ist aber durchaus möglich, auch viel feinere Anzeichen auszumachen. Wohl jeder hat schon einmal gesagt: „Als er mich grüßte, habe ich gleich gemerkt, daß irgendwas bei ihm nicht stimmte!" Für diese uns nur teilweise bewußte, aber schon von Kindheit an erworbene Kompetenz, mit der wir Dissonanzen zwischen dem Verbalen und dem Nonverbalen ausmachen, bietet NLP uns ein Handlungsmodell und ein Anwendungsfeld.

Wozu dient das Kalibrieren?

Eine Mutter hat ihrem sechsjährigen Kind ungewollt wehgetan; das Kind ist wütend und sitzt nun schmollend in einer Zimmerecke. Voller Bedauern geht die Mutter hin und will es in die Arme nehmen; das Kind stößt sie zurück und blickt nun erst recht gegen die Wand. Da ändert die Mutter ihre Taktik und redet dem Kind zu; sie erklärt ihm noch einmal, wie es zu ihrem

Fehler gekommen ist und daß es ihr leid tut, es verletzt zu haben, und sie schlägt vor, wie man die Sache wieder gut machen könnte. Ganz allmählich kann sie sehen, wie der Gesichtsausdruck des Kindes sich verändert: Es wirkt entspannter, die Augenbrauen sind nicht mehr finster zusammengezogen, der Kopf neigt sich, die Backen sind nicht mehr ganz so rot, und die Mutter sieht, wie die nonverbalen Anzeichen für Wut und Schmollen verschwinden, während die Zeichen für gute Laune wiederkehren. Jetzt kann sie sich dem Kind nähern, sein innerer Zustand ist tatsächlich verändert, und nun akzeptiert es auch den Kontakt.

Mit Hilfe des Kalibrierens kann man den inneren Zustand einer Person erkennen, und zwar mit großer Zuverlässigkeit, da ein Großteil der identifizierten Zugangshinweise für die Person selbst kaum kontrollierbar sind. Man kann sie nicht überspielen. Sie können zwar versuchen, ein Gefühl verbal zu verheimlichen, und Sie können auch gewisse Gesten vermeiden, aber Sie haben keinen Einfluß auf ein Mikroverhalten, das Ihnen gar nicht bewußt ist. Wenn wir bei einer Person einen „Zustand der Entspannung" kalibriert haben (sie hört beispielsweise in einer für sie angenehmen Atmosphäre Musik), und diese Person soll nun – sagen wir im Rahmen einer Therapie – erneut in diesen Entspannungszustand gelangen, dann können wir mit Hilfe des Kalibrierens leicht überprüfen, ob sie tatsächlich auch entspannt ist und nötigenfalls ein wenig nachhelfen.

Nehmen wir ein Beispiel aus dem Geschäftsleben: Eine Unternehmensberatung schickt einen ihrer Mitarbeiter zum Chef der Firma, mit der sie künftig zusammenarbeiten möchte. In dieser ersten Erkundungsphase befragt der Berater den potentiellen neuen Kunden nach den bisher durchgeführten Fortbildungs- und Schulungsmaßnahmen. Währenddessen kann er ohne große

Mühe kalibrieren, welche Anzeichen bei diesem Klienten jeweils den Zuständen „zufrieden" und „unzufrieden" entsprechen. Wenn er dann sein eigenes Projekt der Zusammenarbeit in groben Zügen vorstellt, kann er, ohne daß der Klient etwas zu sagen braucht, jederzeit prüfen, wie weit dieser jeweils damit einverstanden ist oder nicht. Auch hierbei ist übrigens das verbale und nonverbale Spiegeln wieder äußerst hilfreich, um das Vertrauensklima aufrechtzuerhalten, das förderlich ist für einen erfolgreichen und offenen Dialog.

Worauf achtet man beim Kalibrieren?
Manche Indikatoren für innere Zustände sind ganz leicht zu erkennen, andere kann man nur bei genauem Beobachten ausmachen. Offensichtliche Zugangshinweise sind folgende:
– die allgemeine Körperhaltung;
– die Gesten;
– kontrastierende Gesichtsausdrücke.
Hinzu kommen als subtilere Zugangshinweise:
– die momentane farbliche Tönung der Haut;
– Gesichtsfalten;
– strahlender bis finsterer Blick;
– Öffnungsweite der Pupillen;
– geringfügige Augenbrauenbewegungen;
– Wimpernschläge;
– sämtliche Positionen und Bewegungen der Augenlider;
– Bewegungen der Nasenflügel;
– Färbung und Breite der Lippen, Mundverziehen, unbeabsichtigte Bewegungen (sich auf die Lippen beißen usw.);
– das Kinn (Tönung und Bewegungen);
– die Neigung des Kopfes, Kopfnicken usw.
– die Stimme: Redefluß (Geschwindigkeit), Rhythmus

(flüssig, abgehackt, regelmäßig, stoßweise ...), Lautstärke (leise, mittel oder laut);
- die Atmung (besonders bei therapeutischen Beziehungen!) über Zwerchfell oder Brust, kurz- oder tief-
  atmig, regelmäßig oder stoßweise, mit Atempausen
  oder Seufzen;
- die kleinen ungewollten Bewegungen bestimmter
  Muskeln (der Finger, der Gesichtsmuskulatur) oder
  der sichtbaren Adern (etwa an den Schläfen).

Zur Beruhigung aller, die die Energie aufgebracht haben,
die ganze Liste durchzulesen: Sie brauchen das nicht alles zu kalibrieren! Am meisten kommt es darauf an, daß
man in einem oder mehreren Parametern die Veränderungen in dem Augenblick festzustellen vermag, indem
die Person den inneren Zustand wechselt. Beispiel: Herr
K. spricht mit Ihnen über ein Thema, das ihm besonders
wichtig ist. Sie beziehen nun aber eine Gegenposition.
Während des Gesprächs bemerken Sie Veränderungen
in Herrn K.'s Gesicht: Die Haut wird blasser, die Kiefer
sind verkrampft, seine Nasenflügel flattern ein paarmal,
und zwischen seinen Augenbrauen bildet sich eine
senkrechte Falte. Sie wissen seit kurzem, daß dies bei
ihm die Anzeichen dafür sind, daß er wütend wird. Dieses Wissen können sie in der nachfolgenden Phase des
weiteren Gesprächs ausnutzen. Falls Sie die Veränderungen zwar bemerkt haben, ihre Bedeutung aber noch
nicht kennen, können Sie gleich die Art der kalibrierten
Veränderungen prüfen, indem Sie schlicht und direkt
die Frage stellen: „Mir scheint, Herr K., ich habe Sie mit
meinen Worten überrascht oder gar schockiert, oder
täusche ich mich?" *Wie Sie die Frage genauer formulieren, ist nicht so entscheidend, Hauptsache ist, Sie verhalten sich nicht einfach weiter so, als sei nichts passiert.* Sie wären sonst auf dem besten Weg zur
schlechten Kommunikation.

In der Therapie, vor allem bei hypnotischer Behandlung oder autogenem Training, ist es üblich, sich während der Sitzung an der Atmung oder an den subtilen Zugangshinweisen des Gesichts zu orientieren.

Wie man sich ans Kalibrieren gewöhnt

Einunddreißigster Tag

Bevor wir nun Kalibrieren im eigentlichen Sinn üben, schlagen wir Ihnen vor, *daß Sie sich Ihre eigene Fähigkeit bewußt machen, drei Hauptfunktionen Ihrer Sinne:* nämlich *Gesicht; Gehör und Selbstwahrnehmung.* Letzteres betrifft alles, was an Empfindungen aus Ihrem Organismus kommt (Muskelspannungen, Position der Glieder im Verhältnis zueinander, Hunger-, Durst- oder Sattheitsgefühle, Frösteln, Entspannung, Unter-Druck-Stehen usw.).

Viele von uns haben gute Augen, aber längst nicht so viele können auch gut sehen. Gleiches gilt für die Ohren und das Hinhören. Und was die Selbstwahrnehmung betrifft: Wie viele Rückenschmerzen wären vermeidbar, würden wir von Anfang an „das kleine unangenehme Stechen" erkennen, „immer wenn ich zu lange in diesem Sessel gesessen hatte oder wenn ich mich bücken mußte, um die Spielsachen der Kinder aufzuheben, Herr Doktor!" Im Lauf dieser Übungen werden Sie erneut feststellen können, daß wir unsere eigenen Ressourcen viel gründlicher ausschöpfen und auf interessante Weise nutzen können.

Wählen Sie einmal irgendeine *Farbe* aus (gelb, rot, grün, blau, lila ...), und zählen Sie nun, ohne sich von der Stelle zu bewegen, sämtliche Gegenstände mit dieser Farbe, die Sie in Ihrem Umkreis entdecken. Während ich diese Zeilen schreibe, kann ich selbst beispielsweise achtundzwanzig blaue Gegenstände um mich herum zählen; zehn sind rosa, sieben gelb. Wiederholen Sie die Übung dreimal im Lauf des Tages an verschiedenen Orten, um die Gesichtspunkte zu variieren.

Zweiunddreißigster Tag

Machen Sie heute dreimal die folgende Übung: Bewegen Sie sich zehn Minuten nicht von der Stelle, und horchen Sie auf sämtliche *Geräusche,* die an Ihr Ohr dringen. Wie viele sind es? Nehmen Sie sich nach dem Zählen kurz die Zeit, noch einmal hinzuhorchen, und bringen Sie die Geräusche dann in die beiden folgenden Rangordnungen: Sortieren Sie sie erstens vom lautesten bis zum leisesten Geräusch und zweitens ihrem Vorkommen nach vom langsamsten bis zum schnellsten.

Dreiunddreißigster Tag

Suchen Sie sich heute nochmals eine Farbe aus. Zählen Sie nun sämtliche Gegenstände dieser Farbe, und sortieren Sie sie der *Intensität* nach von hell bis dunkel und von leuchtend bis matt. Können Sie zwei (oder mehr) verschiedene Gegenstände mit genau derselben Farbtönung finden?

Vierunddreißigster Tag

Die folgende Übung sollen Sie heute gleich dreimal durchführen. Horchen Sie auf die verschiedenen Geräusche, die Sie wahrnehmen. Wählen Sie ein Geräusch der *mittleren Lautstärke* aus, weder zu laut noch allzu leise. Fixieren Sie Ihre Aufmerksamkeit darauf, und horchen sie eine Minute lang kontinuierlich auf dieses eine Geräusch, ohne sich von anderen ablenken zu lassen. Wenn Sie das können und wenn Sie Musik mögen, machen Sie die Übung beim Musikhören, indem Sie etwa Ihre ganze Aufmerksamkeit auf ein ganz bestimmtes Instrument im Orchester oder auf eine Begleitstimme konzentrieren.

Alle diese Übungen sollen lediglich das Wahrnehmungsvermögen Ihrer Sinne schärfen. Vielleicht werden Sie selbst überrascht sein über die Zahl der verschiedenen Geräusche oder der grünen Gegenstände in Ihrem Umkreis.

Wenn Astronomen einen neuen Stern entdecken, bedeutet das nicht, daß der Stern genau zu diesem Zeitpunkt erst im Weltall erschienen ist, sondern nur, daß er von jetzt an im Bewußtsein einiger Forscher vorhanden ist. Sie haben also nicht so sehr einen neuen Stern entdeckt als vielmehr ihre eigene Entdeckungsfähigkeit. Denken Sie daran, daß die „Realität" für uns immer nur genau die Anzahl an Informationen enthält, die wir in ihr zu finden vermögen.

Fünfunddreißigster Tag

Nehmen Sie sich heute dreimal und jeweils drei Minuten lang die folgende Übung vor: Lenken Sie Ihre Aufmerksamkeit nacheinander auf *Ihre verschiedenen Körperzonen*, beginnend mit den aufruhenden Teilen. Wenn Sie beispielsweise gerade im Sessel sitzen, können Sie Ihre Füße auf dem Boden spüren, Oberschenkel und Gesäß, wie sie mehr oder minder starken Druck auf den Sitz ausüben, ihren Rücken, ihre Schultern an der Rücklehne, Ihre Hände, die Ellbogen, die Unterarme auf den Armlehnen. Spüren Sie etwas in der Lendengegend?

Dann richten Sie die Aufmerksamkeit auf Hals und Kopf. Prüfen Sie, ob Ihnen deren Haltung angenehm ist. Während Sie gedanklich diese „Eigentümervisite" machen, stoßen Sie unterwegs vielleicht auf einen Schmerz, ein Zwicken, eine Spannung oder ein Ungleichgewicht auf dem Sitz, und sei es noch so minimal.

Korrigieren Sie nun alle diese Punkte, um ein Gefühl allgemeinen Wohlbefindens zu erreichen.

Nun können Sie sich anderen Regionen zuwenden: Haben Sie Durst? Oder Hunger? Wie nehmen Sie Ihren Bauch wahr? Sitzt der Gürtel vielleicht zu eng? Haben Sie irgendwo latent einen Schmerzpunkt? Achten Sie dann auf Ihre Atmung. Atmen Sie regelmäßig? In welchem Rhythmus? Können Sie völlig unbeeinträchtigt atmen? Durch den Mund oder durch die Nase? Spüren Sie die Reibung der Atemluft hinten im Hals oder in der oberen Luftröhre? Können Sie Ihre Herzschläge wahrnehmen? In welchem Rhythmus?

Es ist ratsam, diese Übungen zu verschiedenen Zeiten zu machen: Vor Beginn einer Arbeit, im Auto, nach einem heftigen Gefühlsausbruch, in der Badewanne, abends im Bett vor dem Einschlafen, während einer Mahlzeit. Sie werden sich sicher über die Vielzahl kleiner Schmerzempfindungen und verschiedener Spannungen wundern, die sich leicht beheben lassen, aber auch über die Anzahl der Körperregionen, die wir fast rund um die Uhr ignorieren!

Nehmen Sie sich auch an den folgenden Tagen immer wieder ein paar Sekunden, nicht um diese Übungen systematisch zu wiederholen, sondern nur um eine kleine „Eigentümervisite" zu machen und zu korrigieren, was zu korrigieren ist.

Sechsunddreißigster Tag

Suchen Sie sich heute drei Personen aus, mit denen Sie wenigstens je eine Viertelstunde zu reden haben. Bringen Sie jedes der Gespräche auf das Thema *Erinnerung an ein schönes Erlebnis*. Während Ihr Partner dann von der erfreulichen Begebenheit erzählt (Sie helfen nötigenfalls mit Fragen oder Zwischenbemerkungen ein wenig nach), schauen und hören Sie ganz global auf das, was er nonverbal dabei manifestiert. Machen Sie sich sozusagen ein „Foto" von seinem Gesicht und von seiner Haltung im Augenblick der stärksten geäußerten Emotion. Merken Sie sich seine Stimme, auch wenn Sie die Worte wieder vergessen. Nehmen Sie sich nach jeder Begegnung ein paar Minuten, und notieren Sie die charakteristischsten Zugangshinweise, die mit dem beobachteten inneren Zustand verknüpft sind.

Dabei empfehlen wir Ihnen vor allem, flexibel zu bleiben: Falls Ihr Partner auf das vorgeschlagene Thema nicht eingehen möchte, brauchen Sie nicht nachzuhaken. Wenn er von selbst auf das Thema kommt, ehe Sie damit anfangen, packen Sie die Gelegenheit einfach beim Schopf.

Sorgen Sie bei diesen Übungen jeweils für einen gut beleuchteten und möglichst ruhigen Raum. Vergessen Sie nicht das Spiegeln, denn damit fällt es Ihnen leichter, ein Gespräch auf das gewählte Terrain zu führen.

Sie brauchen sich auch nicht genötigt zu fühlen, stets alles zu notieren, alles zu sehen, alles zu hören. Beginnen Sie damit, ganz einfache Zustände zu kalibrieren. Mit der Zeit werden Sie ganz von selbst Ihre Wahrnehmungsfähigkeiten verfeinern und auch die subtileren Zugangshinweise ausmachen.

Siebenunddreißigster Tag
Suchen Sie sich eine Person aus, und führen Sie mit ihr zwanzig Minuten lang ein Gespräch. Nutzen Sie dafür eine Zeit bei Tisch oder sonst eine entspannte Situation. Bringen Sie das Gespräch auf ein *„ernstes" Thema* (aus dem Berufs- oder Wirtschaftsleben), aber achten Sie darauf, daß es nicht allzu heftige Gefühlsausbrüche auslöst.

Kalibrieren Sie nun diesen Zustand der Kategorie „ernst". Wechseln Sie anschließend auf ein anderes

Thema, das eine etwas markantere emotionale Komponente enthält (Ärger, Freude, Gereiztheit, Selbstzufriedenheit, Verwirrung).

Auch diesen neuen Zustand kalibrieren Sie nun und halten dabei in Gedanken fest, welche Zugangshinweise sich gemessen am zuvor kalibrierten Zustand verändert haben. Führen Sie das Gespräch dann auf ein ernstes Thema zurück, und kalibrieren Sie diesen Zustand erneut. Prüfen Sie nun, ob Sie die gleichen nonverbalen Elemente wiederfinden, die Sie zu Beginn beobachtet hatten.

Empfehlungen: Warten Sie beim zweiten Kalibrieren – wenn es also um ausgeprägtere Emotionen geht –, bis Ihr Partner wirklich „in Stimmung" gerät, aber überlassen Sie ihn nicht zu lange diesem Zustand. Denken Sie immer daran, daß NLP insgesamt auf der Idee menschlichen Respektes beruht. Nutzen Sie den Rapport, um Ihr Gespräch zu steuern.

Achtunddreißigster bis vierzigster Tag
Die folgende Übung erstreckt sich über zwei oder drei Tage. Wählen Sie sich eine Gesprächsperson, mit der Sie sich bei mehreren Gelegenheiten wiederholt unterhalten können. Die Aufgabe soll darin bestehen, *möglichst viele innere Zustände* zu kalibrieren, die Sie mit möglichst hoher Gewißheit herausgefunden haben. Sie können vom Gesicht dieser Person zum Beispiel Überraschung, Ärger, Freude, Verständnislosigkeit, Zustimmung, Neugier, Müdigkeit, Frische ablesen ... Diese Zustände können sowohl spontan auftreten als auch von Ihnen selbst provoziert sein.

Immer wenn Sie gedanklich wieder etwas Neues zu Ihrem kleinen Inventar von Gesichtsausdrücken hinzugefügt haben, überprüfen Sie noch einmal, ob Sie zuverlässig kalibriert haben, indem Sie den Betreffenden befragen. Haben Sie etwa einen Zustand der Ermüdung kalibriert, fragen Sie: *Sie wirken etwas abgespannt, oder täusche ich mich?* Oder wenn jemand ein großes Interesse zeigt: *Das macht dich wohl ganz schön neugierig, was?* Berücksichtigen Sie dabei aber auch, daß ein kultureller oder gesellschaftlicher Kontext es manchmal mit sich bringen kann, daß jemand seine Müdigkeit oder Neugier bestreitet, weil man ihm so etwas als Schwäche oder Indiskretion auslegen könnte.

Lukas, Ausbildungs- und Entwicklungsleiter in einem Schweizer Unternehmen

Ich arbeite in einer internationalen Dienstleistungsfirma mit mehreren Tausend Angestellten. Die hierarchische Leitungsstruktur ist auf drei Stufen reduziert: Leitende Angestellte, Direktionsmitglieder, Generaldirektionsmitglieder. Zur Sicherung künftiger Stellenbesetzungen und zur Verbesserung einer reibungslosen internen Stellennachfolge ist eine eigene Management- und Entwicklungsabteilung mit der Bedarfsermittlung wie mit Entwicklungs- und Schulungsgesprächen beauftragt.

Im Rahmen der Entwicklungsgespräche setzen wir mit Erfolg NLP ein, besonders die Technik des Kalibrierens.

Ein solches Entwicklungsgespräch hat zum Ziel, das Profil einer Mitarbeiterin bzw. eines Mitarbeiters anhand bestimmter Kriterien des Personal- und Projektmanagements zu definieren. Man kann dabei eine Art „Armaturenbrett" der jeweiligen Kompetenzen (Stärken, Schwächen) der Person und Schulungspläne erstellen, die auf sie zugeschnitten sind. Das geschieht in drei Etappen: (1) die Vertragsbasis (Ermittlung der Erwartungen auf seiten der zu be-

wertenden Person); (2) Gespräch auf „Biegen und Brechen"; (3) mein Kommentar (Armaturenbrett) und Unterbreitung eines Schulungs- und Entwicklungsplans.

Erste Etappe

Die erste Phase ist besonders entscheidend. Der Kandidat trägt seine beruflichen und/oder persönlichen Zielsetzungen vor und definiert zugleich seine Erwartungen. Hier ein paar Beispiele der Fragen, die dabei gestellt werden:

Was haben Sie für Ziele/Wünsche auf kurze, mittlere und lange Sicht?

Was erwarten Sie von diesem Gespräch?

Woran können Sie erkennen, daß ...?

Wichtig ist, daß genügend Zeit zur Verfügung steht für diese Etappe, in der ich als Gesprächsleiter dem Kandidaten oft dabei helfen muß, seine Ziele und Wünsche auszudrücken. Ich muß mich vergewissern, daß die „Vertragsbasis" mit meinem Gesprächspartner klar definiert ist, und daß die Vertragsbedingungen von ihm und von mir anerkannt sind.

Zweite Etappe

Im Gespräch „auf Biegen und Brechen" kommen dann berufliche und außerberufliche Themen zur Sprache. Jedes dieser Themen wird mit den Projekten, Erfahrungen und Leistungen des Kandidaten in Zusammenhang gebracht, um seine Stärken und Schwächen in der Praxis des Personal- und Projektmanagements herauszufinden. In dieser Etappe ist es möglich, innere Zustände zu kalibrieren, da teils positive, teils auch problematische Erfahrungen zum Thema gemacht werden. Dabei werden Fragen folgender Art gestellt:

Welche Erfahrung oder welches Projekt hat Sie bisher am meisten befriedigt?
Was war an diesem Projekt für Sie so befriedigend? Gibt es Situationen, in denen Sie sich unwohl fühlen? Können Sie solche Situationen beschreiben? Was stört Sie daran?

Dritte Etappe
Am Ende des Gesprächs erfolgt der Kommentar (Armaturenbrett). Das ist die heikle Phase, weil hier Wichtiges auf dem Spiel steht und die weitere Zukunft des Kandidaten innerhalb des Unternehmens mit davon abhängen wird. Dank vorherigen Kalibrierens ist es möglich, den Stellenwert der ermittelten Elemente, Feststellungen und Vorschläge einzuschätzen, zu kommentieren und zu erläutern, und zwar in der Gewißheit, daß eine Kongruenz besteht zwischen den Erwartungen des Kandidaten und dem, was er zum Ausdruck bringt.

Mehrfach ergaben sich die interessantesten und konstruktivsten Dialoge in Anknüpfung an die beobachteten Widersprüche zwischen dem, was ein Kandidat offen gesagt hatte, und seinen gleichzeitig mit Hilfe des Kalibrierens entdeckten inneren Zuständen. In solchen Situationen wurde das Gespräch offener, weil der Kandidat spürte, daß man wirklich auf ihn hörte.

Christian, Marketing-Ingenieur

Ich gehöre in einer großen multinationalen Firma einem kleinen zwölfköpfigen Team an, das von einem sehr dynamischen Manager wie ein kleines unabhängiges Unternehmen geführt wird. Die sehr informellen äußeren Arbeitsbedingungen hatten aber, das war für mich als Marketing-Ingenieur der Eindruck, die negative Folge, daß wir die neuen Projekte viel zu unstrukturiert angingen und durchführten: Wir erfüllten damit nicht die Ziele der Qualitätssicherung, die das Unternehmen sich für das laufende Jahr gesetzt hatte. Meine Kollegen im Bereich Forschung und Entwicklung und in der Produktion waren mit mir der Meinung, daß wir es mit folgenden Problemen zu tun hatten:

– unzureichende Kommunikation unter uns Mitarbeitern über die neuen oder laufenden Projekte;
– Diskontinuität in der Zusammenarbeit zwischen den Bereichen Marketing, Forschung/Entwicklung und Produktion, und Frustration als Folge davon;
– Schwierigkeiten bei der Durchführung einer Reihe von Projekten mangels vorheriger klarer Definition unserer jeweiligen Aufgaben und Ressourcen.

Ich entschied mich, zu diesen Themen mit meinen beiden Kollegen und unserem Manager ein Arbeitsgespräch in die Wege zu leiten, fest entschlossen, die Dinge zu ändern. Eine Woche zuvor hatte ich die drei ersten Tage eines NLP-Seminars mitgemacht, also nahm ich mir vor, die Konferenz besonders sorgfältig vorzubereiten und zwei der im Seminar behandelten Werkzeuge einzusetzen: Kalibrieren und Spiegeln.

Im ersten Teil der Besprechung trug ich unserem Manager die Liste der von uns festgestellten Probleme vor, und diese Phase verlief sehr zufriedenstellend. Das zeigte sich beim Kalibrieren von Gesicht, Stimme und Gesten meines Gesprächspartners: Sein Gesichsausdruck war gelöst (glatte Stirn, Gesicht ohne Muskelspannungen, Gesten wie gewohnt), das Gespräch verlief zwar lebhaft, aber der Ton blieb im Rahmen. Nun kam der Augenblick, meine Lösungsvorschläge für die aufgezählten Probleme vorzulegen, nämlich die Einführung einer kollegialen Beratungs- und Entscheidungsstruktur unter Einbeziehung der beiden Kollegen, unseres Managers und meiner Person. Beim Kalibrieren bemerkte ich, wie sich sein Gesicht verschloß, der Gesprächsfluß wurde langsamer und die Gestik reduzierte sich. Der innere Zustand unseres Managers war dabei, sich zu ändern.

Daraufhin beschloß ich, ihn zu spiegeln, und verlangsamte ebenfalls meine Rede. Ich sprach leiser und achtete darauf, ein möglichst wenig bedrohliches und aggressives Vokabular zu wählen, nachdem ich mit Sicherheit an einigen seiner „Chef"-Privilegien gerüttelt hatte. Es gelang mir, dem Gespräch einen neuen Anstoß zu geben, und die Besprechung konnte weitergehen.

Mehrmals setzte ich während der Konferenz Kalibrieren und Spiegeln in kombinierter Form ein. Nach drei Stunden war das Gespräch beendet. Ich konnte zufrieden sein: Wir hatten die Zustimmung unseres Managers zur Einführung einer neuen Struktur kollegialer Abstimmung erreicht. Als er auf die Uhr sah, merkte er, daß die Zeit fürs Mittagessen schon um war, daß er vergessen hatte, seine Kinder von der Schule abzuholen und seine Frau zu benachrichtigen!

5

Die Sprache als Kompaß

Was ist unter dem „Sprachkompaß" zu verstehen?

Mit dem „Sprachkompaß" hat Alain Cayrol das sogenannte *Meta-Modell* von Grinder und Bandler kreativ
abgewandelt und für die Praxis vereinfacht. Bei diesem
Meta-Modell handelt es sich um eine Reihe linguisti-
scher Methoden, um im Rahmen der Kommunikation
die Weltsicht eines Gesprächspartners möglichst präzise
zu verstehen. Die Sprache, die Worte, die jemand wählt,
um seine Konstruktion der Wirklichkeit weiterzuver-
mitteln, sind nämlich nur Spiegelungen dieser Konstruktion selbst: eine Abfolge von in Sätzen organisier-
ten, kulturell vereinbarten Zeichen. Manche von ihnen
bezeichnen Gegenstände und sind damit etwas präziser
als jene, die sich auf abstrakte Begriffe beziehen. Der
amerikanische Psychiater Paul Watzlawick, ein Haupt-
vertreter der sogenannten Palo-Alto-Schule, spricht hier
von „Wirklichkeiten erster und zweiter Ordnung". Das
Wort „Stuhl" beispielsweise verweist auf eine ganze
Bandbreite von Gegenständen, die alle gewisse „Stuhl-
merkmale" an sich haben, während etwa das Wort „Harmonie" für sich allein noch unbestimmt bleibt. Läßt
man es isoliert stehen, kann jeder seinen eigenen Sinn
damit verbinden. Das Wort als solches taugt noch nicht
als zuverlässiger Informationsträger. Wer mehr über das
Meta-Modell im engeren Sinn erfahren möchte, findet

dazu Information im Buch von Josiane de Saint Paul und Alain Cayrol, *Derrière la Magie, la Programmation Neuro-Linguistique*, Paris (InterÉditions) 1984, S. 140 f.

Verschiedene Zeugen eines Ereignisses nehmen oft ganz unterschiedliche Informationen wahr (Außen-VAKO). Jeder von ihnen verarbeitet dann diese Elemente (Innen-VAKO), weist ihnen eine Bedeutung zu, stellt Verbindungen zwischen ihnen her und versieht sie mit affektiven und emotionalen „Ladungen", die in früheren Erfahrungen wurzeln. Das erklärt natürlich auch die häufig auftretenden Widersprüche und Abweichungen in den Aussagen dieser Personen. Man braucht bei keiner von ihnen die Ehrlichkeit ihrer Aussage anzuzweifeln, aber Ehrlichkeit ist eben nicht das einzige Kriterium von „Wahrheit". Die Sprache ist ein für die Ausformung und Vermittlung des Denkens notwendiges Code-System. Wenn wir die Innenwelt eines anderen Menschen besser verstehen wollen, brauchen wir präzise Auskünfte. Wir müssen wissen, mit welcher greifbaren, konkreten Außenwirklichkeit sie korrespondiert, welche Vorstellung jemand zum Beispiel von Glück hat, wenn er uns von seiner Sehnsucht nach Glück erzählt. Als vereinfachte Form des Meta-Modells ist der Sprachkompaß für uns wohl leichter zu handhaben als das Modell selbst:

Tatsachen

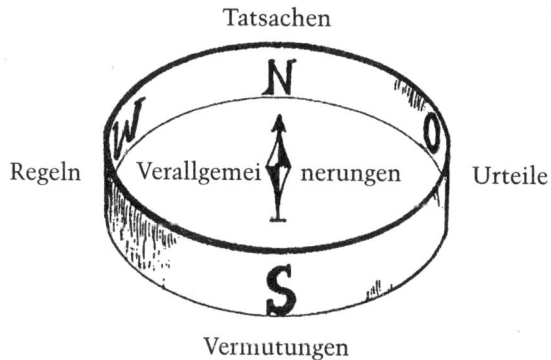

Vermutungen

- Im *Westen* finden wir die Regeln. Damit sind Sprach-
  formeln gemeint wie: *wir müssen; man soll; so etwas
  tut man nicht; man braucht nur; es ist die Aufgabe
  des Vaters, dem Kind das beizubringen; nur eine
  Mutter darf*...
- Im *Osten* stehen die Urteile: *Das ist gut/schlecht; das
  war aber dumm von dir; Paul ist ungeschickt; Ame-
  rikaner sind unkultiviert; die Spanier sind stolz und
  empfindlich; NLP ist der beste Weg zur guten Kommunikation.*

Sie werden merken, daß man ein Urteil verallgemei-
nern kann oder auch nicht. Wir haben die Urteile deshalb von den Verallgemeinerungen unterschieden.

- Im *Süden* haben wir es mit den Vermutungen zu tun.
  Sie lassen sich in drei Kategorien unterteilen:
  - Verknüpfungen von Ursachen und Wirkungen: *Das
    konnte ich ihm nicht sagen, weil er mir in die Au-
    gen blickte* (x hat y zur Folge).
  - Gedankenlesen: *Wenn ich ihm die Wahrheit sage,
    glaubt er mir sowieso nicht. Ich weiß doch, was er
    in solchen Situationen immer denkt.*
  - Komplexe Äquivalenzen: *Sie verehrt ihn regel-
    recht; ihm würde sie niemals ins Wort fallen* (x ist
    „äquivalent" zu y).
- Im *Zentrum* stehen die Verallgemeinerungen, vor allem Wörter wie: *immer, nie, jedesmal, jeder/jede,
  man, ganz Deutschland, die Frauen, die Autofahrer,
  alle Firmenchefs* usw.; außerdem Wörter, die aus
  Handlungen Zustände machen, die zuviel auf einmal
  zusammenfassen oder die Dinge unzulässig gleichset-
  zen wie in folgenden Beispielen: *Humanitäre Hilfe
  führt zu nichts. Fernsehen macht die Kinder völlig
  passiv. Die Aggressivität der Japaner*...
- Im *Norden* kommen wir zu den Tatsachen: *wer, was,
  wo, wie, wieviel, wann*...

Was kann man mit dem Sprachkompaß anfangen?

Der Sprachkompaß hilft dabei, nicht ins Leere zu reden. Man kann mit seiner Hilfe ein Gespräch neu orientieren. Wenn Meinungsverschiedenheiten oder Mißverständnisse auftreten, ist es wichtig, den *Norden* wiederzufinden, also die *Tatsachen*. Das ist die Grundrichtung, an die man sich halten muß, um eine Situation zu klären. Wieder auf den Boden der Tatsachen zurückkehren heißt, die Dinge beschreiben, wie sie sind, frei von Urteilen, von Hintergedanken, von unüberprüfbaren Vergleichen, von Vermischungen oder emotionalen Wertungen, mit denen jeder die Tatsachen umhüllt. Gerüchte haben im allgemeinen weniger Einfluß auf den, der stärker nach den Tatsachen fragt als nach deren Interpretation.

Nehmen wir ein Beispiel. Jemand sagt: *Also dieser Typ hat echt Talent, mich auf die Palme zu bringen! Ist Ihnen schon mal aufgefallen, daß er abends immer als letzter aus seinem Büro kommt? Der will wohl, daß alle denken, er arbeitet viel mehr als wir. Damit will er nur Punkte sammeln bei der Direktion. Solchen Leuten soll man nie über den Weg trauen, die ewig mit einem*

N

er kommt nach den anderen
aus dem Büro ...
er lächelt ...

Man *soll* nie ...   ... *immer* als letzter ...   die spielen mit
... man soll *nie* ...   verdeckten Karten
... *ewig* herumlaufen ...

er hat Talent, mich auf die Palme
zu bringen ...
er will wohl, daß alle denken ...

Lächeln herumlaufen! Die spielen mit verdeckten Kar-
ten. In der Aussage lassen sich mühelos verschiedene
Illustrationen des oben Gesagten erkennen. Sortiert man
sie in unser Schema ein, ergibt sich vorstehendes Bild.
Wir haben natürlich etwas dick aufgetragen, denn Sie
sollen auch hier wieder hellhörig werden für einen
Aspekt der Kommunikation. Aber wer hat nicht schon
solche Sätze gehört: *Der terrorisiert einen. Keiner hilft
mir. Nur wer sich anstrengt, kann das schaffen. Wenn
ein Gesprächspartner nach oben schaut, hört er Ihnen
nicht mehr zu ...* Selbstverständlich gebrauchen wir
alle derartige Formulierungen, und auch in diesem Buch
findet sich eine Menge von ihnen. Vor allem muß man
sie dann heraushören können, wenn sich Schwierigkeiten im Gespräch mehr aus der *Sicht der Tatsachen* er-
geben als aus den Tatsachen selbst. Da sagt zum Beispiel die Person A: *Es macht mich traurig, wenn ich
daran denke, daß B wohl keine besonders positive Meinung von mir haben kann, wenn sie mir so etwas ins
Gesicht sagt.* Tatsache ist hier, daß die Person B der Person A etwas gesagt hat. Das Problem für A ergibt sich
im wesentlichen aus der Bedeutung, die A den Worten
von B beimißt. Wie kann man A in einem solchen Fall
helfen, die Situation einmal anders zu betrachten? Indem man Fragen stellt, die auf den Boden der Tatsachen
zurückführen: *Woher weißt du eigentlich, daß B nicht
viel von dir hält? Aus welchen Punkten in dem, was B
gesagt hat, kannst du denn schließen, daß sie keine
hohe Meinung von dir hat?*
   Wir werden in den Übungen nach und nach lernen,
welche Fragen man stellen muß, um je nach Thematik
den Norden wieder zu finden.

Achtung: Es geht hier nicht darum, systematisch jede
Regel oder Verallgemeinerung oder sonst eine Aus-

drucksform unter Verdikt zu stellen, sondern Ziel ist es, zu prüfen, ob diese in einer gegebenen Situation nützlich, hilfreich oder wirklich angemessen sind. Mit Hilfe von Rückfragen können wir die Regeln oder Verallgemeinerungen dem jeweiligen Situationskontext entsprechend *neu einordnen*. Fragen sind die erste Etappe einer Veränderung. Aber Sie sollen nicht *alles ständig hinterfragen*! Man kann nämlich sonst mit den besten Absichten eine Diskussion zum Verhör machen. In fast allen NLP-Kursen ist zu beobachten, daß die Teilnehmerinnen und Teilnehmer ein Spielchen daraus machen: *Pause! Jetzt brauch ich erst mal was zu trinken.* Ein solcher Satz provoziert dann unweigerlich Rückfragen nach dem Schema: *Was passiert denn, wenn du nichts trinkst? Wieso zwingt dich die Pause, jetzt was zu trinken? Und was wäre, wenn du jetzt keine Pause hättest?* usw.

An dieser Stelle können wir es uns schließlich nicht verkneifen, den Satz eines Politikers zu zitieren, aufgeschnappt bei einem Interview im Frühstücksfernsehen: *Also nun kommen Sie mir doch bitte nicht mit Tatsachen daher! Ich hab da schon längst meine Meinung.*

Übungen mit dem Sprachkompaß

Einundvierzigster Tag

Lesen Sie heute *aufmerksam ein Interview mit einer politischen Persönlichkeit,* deren Ansichten den Ihren nahestehen oder von der Sie sich distanzieren. Beim ersten Lesen suchen Sie die Verallgemeinerungen, Regeln, Urteile und die Vermutungen in ihren verschiedenen Formen heraus. Notieren Sie anschließend, mit welchen Aussagen Sie sich selbst einverstanden oder auch nicht einverstanden fühlen. Worauf beruhen diese Aussagen? Auf Tatsachen? Oder auf Urteilen? Oder Verallgemeinerungen?

Zweiundvierzigster Tag

Schauen Sie sich heute *eine Fernsehdiskussion* oder Sendung ähnlicher Art an (wenn Sie im Programm nichts Passendes finden, verschieben Sie die Übung auf einen anderen Tag). Machen Sie sich vorher eine Art Liste mit Spalten für die verschiedenen linguistischen Formen, wie sie auf dem Sprachkompaß stehen, und streichen Sie in Ihrer Liste an, was sie während der Sendung entdecken. Sie werden wahrscheinlich feststellen, daß die Tatsachenspalte am Ende nicht gerade die meisten Striche enthält.

Dreiundvierzigster Tag

Sie sollen heute lernen, *die sprachlichen „Sicherungen"* herauszufinden, zum Beispiel die Wörter „man", „wir", „sie" *(wir wissen doch alle, daß man Leute nur durch Zielvorgaben wirklich motivieren kann)*, alle Formeln also, in denen unpersönliche Redeweisen an die Stelle des Wortes „ich" treten.

Stellen Sie sich dann jeweils vor, die sprechende Person würde den Satz noch einmal wiederholen und sich die Aussage persönlich zu eigen machen; achten Sie einmal auf den Unterschied in der Bedeutung *(ich glaube, man kann Leute nur durch Zielvorgaben wirklich motivieren)*.

Vierundvierzigster Tag

Versuchen Sie heute – ohne dabei Ihre Redeweise zu verändern –, *Ihre eigenen „Sicherungsformeln"* zu entdecken.

Fünfundvierzigster Tag

Dies könnte für Sie heute geradezu ein „Tag der Wahrheit" werden: Sie sollen heute in allen Ihren Aussagen nur persönliche Formulierungen verwenden: *„Ich glaube nämlich, daß meine Vorgehensweise vor dem Hintergrund meiner bisherigen Erfahrungen ..."*

Sechsundvierzigster Tag

Die Aufgabe soll heute darin bestehen, *verallgemeinernde Formulierungen Ihrer Gesprächspartner so nachzuformulieren, daß die Sprecher wieder „Eigentümer" ihrer Aussage werden.*

Beispiel:

   „So kann man das doch nicht machen."
   „Wenn ich dich recht verstehe, möchtest du das lieber anders machen."

Diese Übung hilft dem Übenden, den nötigen Abstand zu gewinnen, um soeben Gesagtes angemessen zu beurteilen. Er wird sich nun von den Aussagen seines Gegenübers nicht so leicht beeinflussen lassen, nachdem diese in einen präzisen Kontext zurückgestellt sind, und so den wirklichen Bedeutungsgehalt besser verstehen können.

   Ein solches Verhalten ist besonders nützlich in Situationen, in denen man sich „verwundbar" oder „exponiert" fühlt. Nehmen wir als Beispiel einen Jugendlichen in der Berufsausbildung, der von einem bereits vertrauten Kollegen zu hören bekommt: „Jeder weiß ja, es braucht schon seine Zeit, bis Neulinge sich integriert haben." Der Jugendliche könnte geneigt sein, die Bemerkung als Allerweltsweisheit abzuhaken. Das mag in manchen Fällen auch stimmen, im vorliegenden Fall hat der Satz für unser Ohr wohl den sehr deutlichen Beiklang, der Junge möge sich doch bitte nicht einbilden, er könne sich ganz schnell integrieren oder brauche sich nicht besonders darum zu bemühen.

Siebenundvierzigster Tag
Verwenden Sie heute in Ihren Gesprächen ganz bewußt *drei Verallgemeinerungen und drei Regeln*. Manche werden erstaunt sein, wie leicht einem die eine oder die andere dieser Formen – oder auch beide – in Diskussionen über die Lippen gehen.

Achtundvierzigster Tag
Achten Sie heute *bei ihren Gesprächspartnerinnen bzw. -partnern auf die Verallgemeinerungen.* Bringen Sie diese Personen in zwei Fällen mit Hilfe von Rückfragen wieder in die Nordrichtung.

Wenn jemand zu Ihnen sagt:

„Die Kollegen vom Verkauf haben die Probleme vor Ort noch nicht richtig kapiert",

dann fragen Sie beispielsweise so zurück:

„An wen denkst du genauer, wenn du sagst, daß die nichts kapiert haben?" oder „Von welchen Problemen redest du jetzt überhaupt?"

Es gibt vielerlei Möglichkeiten für solche Rückfragen. Wichtig dabei ist, daß man nicht zu abrupt fragt: „Wer denn?" „Was für Probleme?" Manchmal ist es auch nötig, den Gedanken der betreffenden Person nochmals zu wiederholen, ehe man die Frage formuliert: „Wenn du sagst, daß die Leute vom Verkauf die Probleme vor Ort nicht richtig kapieren, von welchen Problemen sprichst du eigentlich?"

Achten Sie darauf, daß dies insgesamt bei einem guten „Rapport" geschieht. Das wiederum setzt voraus, daß Sie sich in die Befindlichkeit ihres Gesprächspartners eingefühlt haben.

Neunundvierzigster Tag

Heute sollen Sie auf die *Verallgemeinerungen und Regeln* in den Aussagen Ihrer Gesprächspartnerinnen und -partner achten. Bringen Sie die Personen wieder auf Nordkurs, indem Sie im Lauf des Tages je zwei Rückfragen zu den Verallgemeinerungen und zu den Regeln stellen.

Beispiele für Rückfragen zu Regeln:
„Ich kann es mir nicht erlauben, ihn direkt danach zu fragen ..."
„Was hindert dich eigentlich daran?"
Oder:
„Was passiert denn, wenn du ihn dennoch fragst?"

Vermeiden Sie es, alle vier Fragen ein und derselben Person zu stellen, auch wenn deren Aussagen dazu gute Gelegenheiten bieten. Verteilen Sie die Rückfragen auf wenigstens zwei Personen.

Fünfzigster Tag

Verwenden Sie heute selbst *drei Regeln und drei Urteile.* Wie bei der Übung am siebenundvierzigsten Tag sollten Sie es natürlich immer wieder mit anderen Personen zu tun haben. Wenn dann Ihre Partner auch ihrerseits Regeln, Urteile usw. formulieren, können Sie zum Spaß einmal ausprobieren, wie leicht man eine Unterhaltung in Gang halten kann, ohne Konkretes zu sagen.

Einundfünfzigster Tag

Auch heute geht es um die Regeln und Urteile. Holen Sie die Partnerinnen und Partner jeweils auf den Boden der Tatsachen zurück, indem Sie im Lauf des Tages je zwei Rückfragen zu den vorgebrachten Regeln und Urteilen stellen.

Beispiele für Rückfragen bei Urteilen:
  „Die Deutschen sind pünklich."
  „Was bringt dich du zu dieser Behauptung?"

  „Die ganze Ausbilderei bringt überhaupt nichts!"
  „Von welcher Art Ausbildung redest du jetzt?"
  Oder:
  „Hast du bestimmte Gründe, weshalb du das sagst?"

Vermeiden Sie in solchen Fällen vor allem das bloße „Warum". Es führt allzu leicht zu Rechtfertigungen und Rationalisierungen:
  „Ausbilden bringt überhaupt nichts."
  „Warum sagst du das?"
  „Weil es doch immer so geht: Erst bist du total begeistert, und nach ein paar Tagen merkst du, daß du alles so weitermachst wie gehabt."

Zweiundfünfzigster Tag
Im Lauf des Tages sollen Sie *bewußt drei Urteile* aussprechen und dreimal *Gedanken lesen.* Achten Sie dabei immer genau auf die Reaktion Ihres Gegenübers.

Dreiundfünfzigster Tag
Das Entdecken von *Urteilen und Gedankenlesen* steht heute auf dem Programm. Wie an den Vortagen stellen Sie wieder je zwei Rückfragen in bezug auf die Urteile und auf das Gedankenlesen.

Beispiele für Rückfragen zum Gedankenlesen:
  „Damit wird er sowieso nicht einverstanden sein."
  „Woher weißt du das jetzt schon so genau?"

Auch hier ist man wieder schnell versucht, einfach „warum" zu fragen. Wenn ich es aber nicht wage, einen anderen um etwas zu bitten, weil ich glaube, daß er ohnehin nicht einverstanden sein wird, dann ist es doch viel aufschlußreicher herauszubekommen, wieso ich schon im voraus weiß, daß der andere das nicht will, als warum er es nicht will.

Vierundfünfzigster Tag
Entdecken Sie heute Vermutungen in den Versionen des *Gedankenlesens* und der *komplexen Äquivalenzen*. Stellen Sie wieder jeweils zwei Rückfragen zu beiden Themen.

Beispiele für Rückfragen zu Äquivalenzen:
„Der Lieferant hat Ihnen immer noch nichts ge-schickt? Der will uns auf den Arm nehmen!"
„Inwiefern ist denn die Tatsache, daß ... ein Beweise für ...?"
Oder:
„Meinst du, das ist die einzige Erklärung?"
Denken Sie immer auch daran, wie wichtig es ist, einen guten Rapport aufrechtzuerhalten und in sehr vielen Fällen vor Ihrer Rückfrage das Gesagte noch einmal zu formulieren.

Fünfundfünfzigster Tag
Suchen Sie heute nach *komplexen Äquivalenzen und Ursache-Wirkungs-Verknüpfungen.* Sie sollen heute viermal Personen im Gespräch wieder auf den Boden der Tatsachen bringen, und zwar mit zwei Fragen im Anschluß an die Äquivalenzen und mit zwei Fragen nach Ursachen und Wirkungen.

Beipiele für die letztgenannten Rückfragen:
„Wenn er in dem Ton mit mir redet, kann ich einfach nicht mehr nein sagen."
„Was besteht da für ein Zusammenhang zwischen seiner Art zu reden und der Tatsache, daß du nicht mehr nein sagen kannst?"

Oder:
„Was willst du damit sagen: wenn er so mit dir redet?"

Sechsundfünfzigster Tag
Am letzten Übungstag zum Sprachkompaß wollen wir
Ihnen heute eine Wiederholung empfehlen, bei der Sie
*auf alle linguistischen Formen aus den vorausgehenden
Übungen* gleichzeitig achten. Das wird Ihnen nicht
schwerfallen, wenn Sie
- eine Fernsehdiskussion oder eine ähnliche Sendung
  verfolgen;
- einen politischen Kommentar lesen;
- aufmerksam das Gespräch zwischen zwei Personen
  verfolgen, die Ihnen heute begegnen. Denken Sie
  daran, nötigenfalls mit Hilfe von Rückfragen die beiden dazu zu bewegen, auch die Tatsachen zu benen-
  nen.

Merke: Verwenden Sie die Tatsachenrede und den
Sprachkompaß im weiteren nur, wenn es sinnvoll ist,
beispielsweise um ein Gespräch weiterzubringen, um
ein Mißverständnis auszuräumen oder um in einer Sitzung rasch voranzukommen usw.

Gilbert, Informatiker

*Ich benutze den Sprachkompaß vor allem in drei Si-
tuationsarten: Erstens um Zielsetzungen zu definieren, zweitens um den Bezugsrahmen oder Standpunkt zu wechseln, und drittens um die Kreativität
anzuregen und ein Thema von einer anderen Seite
anzudenken. Bei der Durchführung eines Informatik-
Projektes treten alle drei Kontexte immer wieder auf.
Nehmen wir an, ein Projektleiter soll den kom-
merziellen Sektor seiner Firma neu organisieren. Er*

wird unter anderem vor der Aufgabe stehen, präzise und überprüfbare Teilziele auf der Basis der Ziele zu definieren, die ihm die Firmenleitung vorgegeben hat (Kostensenkung, höhere Kundenzufriedenheit usw.), und er muß Veränderungen einführen, neu organisieren, mit anderen Worten: Er muß die in der zuständigen Abteilung bisher geltenden Regeln und Annahmen modifizieren. Schauen wir uns an, wie der Sprachkompaß schon dabei helfen kann, anderen die Ziele der gewünschten Neuorganisation zu präzisieren:

– Thema Kosten:
– Was? Wieviel?
– Gehälter
– Materialverbrauch
– Thema Kundenzufriedenheit:
– Was? Wieviel?
– Bearbeitungszeiten für Aufträge
– Zahl der unvollständig ausgelieferten Aufträge
– Zahl der Kundenbeschwerden und -reklamationen

Am meisten hilft mir der Sprachkompaß allerdings, wenn ich bestehende Regeln und Annahmen zu verändern habe. Wenn mir jemand erklärt:

„Für die Prüfung und Bearbeitung eines Kundenauftrags braucht man achtundvierzig Stunden."

Dann lautet meine Rückfrage:

„Von welchen Voraussetzungen gehen Sie aus, wenn Sie das sagen?"

Hier noch ein paar andere Beipiele solcher Wortwechsel:

„Alle meine Kunden sind Großhändler."

„Alle, sagen Sie?"

„Ich kann es mir nicht leisten, einen Auftrag nur teilweise auszuliefern."

„Was steht dem entgegen?"

Oder:

„Was würde denn passieren, wenn Sie es täten?"

„Man kann keinen Liefertermin angeben, bevor nicht die schriftliche Auftragsbestätigung eingegangen ist."

„Und was passiert, wenn man nicht so lange wartet?"

Auf diese Weise kommt, Behauptung für Behauptung und Klärung für Klärung, eine konkrete, auf Fakten basierende Neuorganisation in Gang – mit guten Erfolgsaussichten.

6

Der Prozeß des „Ankerns"

Was ist mit „ankern" gemeint?

„Beim Duft dieser kleinen Limonen steigen in meiner Erinnerung noch heute Empfindungen auf von watteartiger Tropenhitze, von glückhafter Geborgenheit, von herzlich-fröhlicher Stimmung. Was die Madeleine für Proust war, das ist für mich der Duft der kleinen Limone!" (Henri Laborit, *La Vie antérieure*).

Für Henri Laborit sind eine bestimmte Geruchsempfindung und ein Gefühlsleben in besonderer Weise miteinander verbunden: Sie sind „verankert", und zwar auf „natürliche" Weise, weil die Verbindung ganz spontan entstanden ist. Der Duft der kleinen Limone ist einem Anker vergleichbar. Durch den Sinnesreiz wird ein bestimmter innerer Zustand hervorgerufen. Es gibt unendlich viele Arten des „Ankerns". Es kann auf visueller, auditiver, kinästhetischer oder geruchlich-geschmacklicher Basis ablaufen. Grinder und Bandler hatten die kluge Idee, jenes natürliche Phänomen, das schon Ivan Petrowitsch Pawlow erkannt und beschrieben hatte, bewußt und konstruktiv auszunutzen.

Der russische Physiologe und Nobelpreisträger des Jahres 1904 war durch folgendes Experiment berühmt geworden: Man zeigt einem Hund das Futter, und natürlich läuft ihm schon vor dem Fressen Wasser aus dem Maul. Beim nächsten Mal, und von da an bei jedem Füttern, läßt man eine Glocke klingeln. Nach ein paar Tagen der Assoziation von Fressen und Klingeln genügt allein schon der Klingelton, um bei dem Tier den Speichelfluß auszulösen.

In NLP-Begriffen ist das Experiment folgendermaßen zu erklären: Das Futter entspricht einem doppelten äußeren Sinnesreiz (visueller und geruchlicher Art), auf den der Hund (kinästhetisch) mit einer Freßlust reagiert, die nach außen (kinästhetisch) im Speichelfluß sichtbar wird.

Die Klingel nun bedeutet eine auditive Anreicherung des Außen-VAKO; im weiteren Verlauf vermag sie den visuell-geruchlichen Doppelreiz völlig zu ersetzen und von allein die kinästhetischen Äußerungen (von Freßlust und Speichelfluß) auszulösen. Wenn wir für das Visuelle den Buchstaben V setzen, für Geruchsempfinden ein O ("olfaktorisch"), für das Auditive ein A und für das Kinästhetische ein K, dann können wir die drei Etappen folgendermaßen darstellen:

$$1. V + O \rightarrow K$$
$$2. V + O + A \rightarrow K$$
$$3. A \rightarrow K$$

Wozu kann die Technik des Ankerns benutzt werden?

Die Technik des Ankerns kann sowohl im Prozeß persönlicher Entwicklung wie auch im Rahmen der Kommunikation mit anderen Personen hilfreich sein. Sie können damit ...

... erstens für Ihre eigene Person *Zugang finden zu einer inneren Energiequelle (Ressource)*, wenn es gilt, mit Schwierigkeiten fertig zu werden oder ein Leistungsmaximum zu erbringen (mit diesem Zugang werden wir uns an mehreren Übungstagen beschäftigen), oder auch, wenn Sie eine *Aufgabe im Gedächtnis speichern wollen.* Angenommen, Sie haben schon mehrmals vergessen, Ihrem Kollegen ein geliehenes Buch zurückzugeben, dann können Sie das Ankern folgendermaßen benutzen: Sobald Ihnen wieder einfällt: „Ach ja! Ich muß dem Bernard morgen unbedingt das Buch zurückgeben", können Sie ein paarmal die Handbewegung machen, mit der man eine Haustür öffnet, auch wenn Sie gerade keinen Türgriff zur Hand haben. Assoziieren Sie mit dieser Geste den Namen Bernard und den Buchumschlag. Wiederholen Sie das gedanklich drei- oder viermal. Wenn Sie morgen früh Ihre Wohnung verlassen und die Türklinke drücken, werden Sie unwillkürlich an Bernard und an das Buch denken. In diesem Mechanismus stellen Sie eine Brückenverbindung her zwischen der Sache, an die Sie denken sollen (das Buch) und einem unumgänglichen Reiz (in diesem Fall der Tatsache, daß Sie die Tür öffnen müssen, um die Wohnung zu verlassen).

… zweitens mit anderen Personen *eine positive Beziehung leichter wiederherstellen* (das wird Gegenstand mehrerer Übungen sein).

Die Technik des Ankerns findet in vielen Situationen immer wieder Verwendung, besonders in der Therapie. Diese ist zwar nicht eigentlich unser Thema, aber dennoch ein Beispiel aus diesem Bereich: Véronique kommt wegen heftiger Angstzustände als Patientin in Bernards Sprechstunde. Vor einem Monat hatte sie auf der Pariser Ringautobahn am Steuer ihres Autos einen Krampfanfall erlitten. Sie hat ein Geschäft in einem Pariser Vorort und muß dreimal in der Woche in Paris Waren besorgen. Schon beim Gedanken, sich wieder ans Steuer zu setzen und die gleiche Strecke zu fahren, gerät sie in panische Angst. Andererseits kommt es zu teuer, die Waren liefern zu lassen. Bernard kalibriert zunächst ihren Angstzustand. Er schlägt Véronique vor, sich einen inneren Zustand höchsten Wohlbefindens und größter Sicherheit vorzustellen. Nach kurzem Überlegen beschreibt sie ihm eine Situation, in der sie sich ganz besonders gut gefühlt hat, völlig sorglos und entspannt. Bernard hilft ihr, diese Erinnerung noch zu erweitern, indem er ihr die damit verbundenen „VAKO„-Elemente bewußt macht; nach kurzem Kalibrieren „wirft" er an dieser Stelle einen kinästhetischen Anker aus, indem er ihr einige Sekunden lang den Unterarm umgreift.

Um zu prüfen, ob das Ankern erfolgreich war, wechselt Bernard das Thema und holt Véronique aus ihrem inneren Wohlgefühl heraus. Danach setzt er das Experiment fort. Er löst den Ankerreiz aus, berührt Véronique wieder kurz am Unterarm, und nach wenigen Sekunden sind dieselben Merkmale bei ihr wieder zu beobachten, die er sich beim Kalibrieren des Wohlbefindens gemerkt hatte. Der Vorgang des Anker-Auswerfens ist also wirksam.

Nun lädt Bernard Véronique ein, sich vor einen imaginären Bildschirm zu setzen und sich wie im Fernsehen die Szene ihres Krampfanfalls noch einmal zu betrachten, als hätte ein Zeuge sie damals gefilmt. Hier erweist sich das Ankern als notwendig, um Véronique so lange im Gefühl von Entspannung und Sicherheit zu halten, daß sie Zeit hat, mehrmals die Szene vor sich ablaufen zu lassen. Beim Kalibrieren ist der Angstzustand überhaupt nicht mehr festzustellen. Gegen Ende des Experiments verzichtet Bernard auf das Ankern und bittet Véronique, sich vorzustellen, wie sie sich am nächsten Tag wieder ans Steuer setzt und den gewohnten Weg zu ihrem Lieferanten fährt. Sie schafft es in Gedanken ohne Mühe.

Seit dieser einfachen „Dissoziation" konnte sich Véronique wieder ans Steuer setzen und problemlos ihr Auto durch den Verkehr steuern.

Wie man das Ankern lernen kann

Siebenundfünfzigster Tag
Bei zwei Personen, mit denen Sie täglich zusammentreffen, sollen Sie heute herausfinden, *welches Thema bei ihnen einen sehr angenehmen inneren Zustand* auslöst. Eine der Personen erzählt vielleicht, wie froh sie ist, daß sie nach sechs Monaten Arbeit endlich ein Projekt abgeschlossen hat. Jemand anders freut sich auf einen Konzertabend. Kalibrieren Sie dabei die offensichtlichsten Zugangshinweise, das Lächeln etwa, die Hautfärbung, die Sprechweise, die mit diesem inneren Zustand einhergehen. Ein kleiner Ratschlag: Notieren Sie sich nach dem Zusammensein die Merkmale für jede der beiden Personen auf ein Blatt, und heben Sie die Blätter für morgen auf.

Achtundfünfzigster Tag
Sie treffen heute wieder die beiden Personen, die sie gestern kalibriert haben. *Kommen Sie bei beiden wieder auf das Thema zurück, das für sie mit einem angenehmen inneren Zustand verbunden war:* bei der ersten Person also auf das abgeschlossene Projekt, bei der zweiten auf das Konzert. Kalibrieren Sie auch jetzt wieder. Falls seit gestern nichts Ernstes dazwischengekommen ist, wird die Erwähnung der genannten Themen beide wieder in den gleichen inneren Zustand versetzen.

Übrigens handelte es sich in dieser zweistufigen Übung um ein natürliches Ankern: Die Ankerreize entstammen der Lebenswelt Ihrer Gesprächspartner. Die Verwendung von natürlichen Ankerreizen ist besonders zu empfehlen, wenn es darum geht, eine Beziehung zu jemand anderem zu verbessern. Soll das Ankern hingegen Ihnen persönlich nützlich sein, so sollten Sie die Ankerreize besser eigens konstruieren. Alles kann nämlich Ankerreiz sein. Sie selbst sind ein lebender Ankerreiz, der auf manche Personen positiv, auf andere vielleicht negativ wirkt, und umgekehrt sind manche Personen für Sie positive Ankerreize und andere negative. Vielleicht haben Sie sich schon einmal gesagt: „Ich kann mir nicht helfen, aber wenn ich ihn sehe, dann werde ich nervös," oder auch: „Ich gehe immer gern zu Paul; ich finde ihn so beruhigend."

Neunundfünfzigster bis dreiundsechzigster Tag
Wiederholen Sie an den nächsten Tagen die gestrige Übung, aber wählen Sie einen *subtileren Ankerreiz.* Statt etwa bei einer Person das Thema herauszufinden, das sie in einen sehr angenehmen inneren Zustand versetzt, merken Sie sich nur ein Wort oder eine Wortgruppe. Beispiel: „Dieses Theaterstück war einfach ... hinreißend!" sagt Ihr Gegenüber mit einer ganz speziellen Betonung, mit großen Augen und einem seligen Lächeln, unterstrichen noch von einem Seufzen. Wenn Sie nun selbst etwas zu sagen haben, versuchen Sie, das Wort „hinreißend" im selben Tonfall zu verwenden, und beobachten Sie dabei, welchen Effekt dies bei der anderen Person hervorruft. Gleichzeitog müssen Sie natürlich auch den beschriebenen Gesichtsausdruck annehmen. Machen Sie die Übung mit fünf verschiedenen Personen, mit jeweils einer pro Tag.

Wenn das Ankern wirksam sein soll, muß natürlich das ausgewählte Wort bzw. die Wortgruppe von wirklich signifikanter Bedeutung sein. Anhand einiger Indizien können Sie herausfinden, ob dies der Fall ist oder nicht: am Wechsel im Tonfall, einer kurzen Pause, am veränderten Gesichtsausdruck. Sie verwenden hier das Ankern gegenüber anderen Personen vorerst nur zum Übungszweck. Erst wenn Sie mit dieser Praxis vertraut sind, können Sie es auch mit präzisen Zielen einsetzen.

Auch eine gewisse Art von Wiederholungtskomik beruht übrigens auf dem Prozeß des Ankerns. Wenn ir-
gendein Wort, ein Ausdruck oder ein Satz andere zum
Lachen gebracht haben, dann kann schon die bloße Erinnerung daran das Lachen von neuem auslösen. Fast
jeder kennt Sätze wie den von Karl Valentin: „Du
bleibst hier, und zwar sofort!" Manchmal brauchen Sie
bei Menschen, die diesen Satz kennen, nur noch „und
zwar sofort" zu sagen, und der Heiterkeitseffekt ist wieder da. Ähnliches gilt bei Standardausdrücken von Poli-
tikern („in diesem unserem Lande") oder für den Ausruf
„Mein Geld!" des „Geizigen" von Molière. Die Beispiele lassen sich vermehren, und jeder von uns könnte
einige nennen.

7

Der Umgang mit inneren Zuständen:
Assoziieren und Dissoziieren

Was ist hier mit inneren Zuständen gemeint?

Den ganzen Tag, die ganze Woche durchleben Sie eine
Fülle innerer Zustände. In einem bestimmten Augenblick fühlen Sie sich fröhlich und heiter, dann wieder
niedergeschlagen und verletzlich usw. An solche fröhlich-heiteren oder andere Befindlichkeiten sind gewisse
innere VAKO-Vorstellungen geknüpft, die sich nach
außen in spezifischen Verhaltensweisen manifestieren.
Nehmen wir als Beispiel einen fröhlich-heiteren inneren Zustand:

V A K O			V E R H A L T E N
	Ich sehe die Sonne	Ich lächle	
I N T E R N	Ich sage mir: Das Leben ist schön	Ich schließe halb die Augen, die glänzen	
	Ich spüre diffuse Wärme	Ich rede laut und schnell	

Man kann sagen, der innere Zustand „repräsentiert",
was Sie hier und jetzt erleben, das Erfreuliche und Un-
erfreuliche einer Situation im bestimmten Augenblick.
Er ist ein Gradmesser für Ihre Angepaßtheit an die
Außenwelt, wie Sie sich fühlen, hier und jetzt, physisch

und gefühlsmäßig. Man kann zwei Hauptkategorien innerer Zustände unterscheiden: Ressourcenzustände und Begrenzungszustände.

Ressourcenzustände sind die optimalen inneren Befindlichkeiten, in denen wir eine Situation am positivsten erleben. Beispiel: Sie haben genügend Selbstvertrauen, um sich in einer Konferenz zu Wort zu melden, und dieser innere Zustand des „Selbstvertrauens" wird zur Ressource, die Ihnen hilft, den Beitrag auch mit Erfolg vorzutragen.

Begrenzungszustände sind innere Zustände, die mit dem Situationserleben nicht gut zusammenpassen. Beispiel: Sie haben Angst, sich in einer Konferenz zu Wort zu melden, und diese Angst grenzt Sie dann so ein, daß Ihr Beitrag zum Mißerfolg wird.

Absolut betrachtet gibt es weder gute noch schlechte innere Zustände. Ein Zustand, der die eine Person begrenzt, kann für eine andere Person zur Ressource werden. Denken wir noch einmal an den inneren Zustand, der in unserem Beispiel einer Konferenz der Angst vor eigenen Wortmeldungen entspricht. Wenn diese Angst nun zur Folge hat, daß jemand sich besonders vorsichtig und aufmerksam verhält; daß er seine Wortmeldung ungewöhnlich sorgfältig vorbereitet und in der Situation eine gute Leistung bringt, dann hat sich eben der innere Angstzustand für diese Person als Ressource erwiesen. Die gleiche Art Angst könnte auf eine andere Person wiederum total lähmend wirken. Die gängige Meinung, nur Schauspieler mit Lampenfieber seien die wirklich guten Schauspieler, ist also ein Kindermärchen. Lampenfieber bringt manche Künstler zu ganz besonderen, andere aber zu schwachen Leistungen.

Nehmen wir als weiteres Beispiel für diese Ambivalenz einen inneren Zustand „euphorischer" Erregung. Wenn Sie diesen Zustand ganz natürlich erleben, weil

Sie sich gerade über eine gute Nachricht freuen, scheint dies der Situation völlig angemessen. Falls Sie sich aber in diesem Zustand befinden, wenn Sie als Arzt einem Patienten mitteilen sollen, er sei unheilbar krank, dann ist einleuchtend, daß diesmal der Zustand eher deplaziert ist. *Innere Zustände sind also weder negativ noch positiv.* Manche Personen können es zum Beispiel schlecht vertragen, selbst in Wut zu geraten. Wenn nun solche Wutanfälle bei ihnen häufig und immer wieder vorkommen, kann man davon ausgehen, daß diese Neigung zum Cholerischen ihnen und ihrer Umwelt das Leben schwer macht. Stellen Sie sich dagegen vor, Sie kommen gerade hinzu, als Ihr zweijähriges Kind versucht, seine Finger in eine Steckdose zu stecken: In diesem Fall reagieren Sie möglicherweise auch deshalb „wütend", damit Ihr Kind so etwas nie wieder tut. In diesem Moment erscheint Ihre Unmutsäußerung durchaus situationsgerecht und ist sicher wirkungsvoller als Belehrungen nach dem Muster: „Weißt du, das ist sehr gefährlich. Das darfst du nicht machen, dabei kannst du dir sehr weh tun", vorgetragen im neutralen Ton der Vernunft.

Wozu dient ein Verwalten der inneren Zustände?

Das Management der inneren Zustände ist eine Fertigkeit, die Sie mehr oder weniger bewußt schon beherrschen. Wenn Sie sich völlig am Boden zerstört fühlen, bringt Sie die Lieblingsschallplatte wieder zum Lächeln. Ein Abend mit guten Freunden zum richtigen Zeitpunkt hilft Ihnen, die Sorgen eines besonders aufreibenden Arbeitstags zu vergessen, um dann den nächsten Tag wieder mit der nötigen Gelassenheit in Angriff zu nehmen usw.

Manche Menschen haben auch ihre eigene Art, Probleme zu relativieren, indem sie sich etwa vorstellen, daß sie auf einer Kugel leben, die sich um die eigene Achse dreht und im Weltraum um ein anderes Gestirn kreist, das wiederum Zentrum eines ganzen Sonnensystems ist und auch nur Teil einer ganzen Galaxie ... Unter solchen Perspektiven bekommen der Ärger mit einem Kollegen oder Ihre Geldsorgen einen etwas anderen Stellenwert.

Achtung: Es kann hier nicht darum gehen, die eigenen Gefühle oder Gemütsbewegungen zu leugnen, und Sie sollen Ihre Probleme auch nicht überspielen oder sich in eine „Nach-mir-die-Sintflut"-Haltung flüchten, so als bräuchte man nur mit den Fingern zu schnippen, und schon ist eitel Sonnenschein! Das Leben ist schön, und was soll's, wenn um Sie herum die Welt untergeht! Solch eine Auffassung widerspricht im übrigen auch der humanistischen Lebensphilosophie, auf der NLP beruht.

Die Techniken, die wir in diesem Abschnitt einführen, stellen uns somit unweigerlich auch vor die Frage des ehrlichen Umgangs mit unseren Gefühlen. Wir gehen meist wie selbstverständlich von dem Gedanken aus, daß die Ereignisse unsere Gefühle auslösen: Daher sind diese Gefühle legitim, aufrichtig, sie kommen unausweichlich und unwillkürlich, sie sind eben situationsgebunden und nicht persongebunden. Wenn wir uns aber mit einem Management unserer inneren Zustände befassen wollen, müssen wir uns unbedingt zuvor darüber klarwerden, daß jeder von uns die Gefühle, *die er verspürt, selbst hervorbringt.* Wir alle kennen solche Aussagen: „Jetzt machst du mich aber wütend" oder: „Der kann mich wirklich nerven ..." Hätte jemand objektiv das Vermögen, uns selbst wütend zu machen oder zu nerven, dann müßte die betreffende

Person eigentlich auf alle anderen Menschen auch so wirken. Richtiger müßte man daher sagen: „Ich merke, wie ich wütend werde, wenn du dies oder das tust ...“ und: „Ich fühle mich genervt, wenn du behauptest, daß ...“ Nicht die Ereignisse lösen in uns diese oder jene Emotion aus, sondern wir selbst reagieren auf die Ereignisse je nach der Bedeutung, die wir ihnen beimessen.

Selbst der Zustand der Trauer kann sehr unterschiedliche, für jede Person eigene Formen annehmen. Wenn man einen lieben Menschen verloren hat, spürt man heftigen Schmerz. Aber Trauer dieser Art wird von verschiedenen Menschen auf je unterschiedliche Weise erlebt und erfahren. Nicht alle Menschen gehen gleich mit ihrer Trauer um; manche durchleben sie eine begrenzte Zeit hindurch außerordentlich intensiv, entschließen dann aber, sie loszuwerden, indem sie sich auf einmal in größte Aktivität stürzen. Andere verfallen in eine Art Lethargie, oder sie verbieten sich überhaupt solche Gefühle und zeigen sich nach außen kalt und starr. Manche mögen es banal finden, wenn wir hier sagen, daß nicht alle von uns unbedingt in gleicher Weise auf dasselbe Ereignis reagieren, aber diese offenkundige Tatsache ist gar nicht so selbstverständlich. Es ist aber viel hilfreicher, sich seine Gefühle und Empfindungen, seine inneren Zustände selbst anzueignen, statt den anderen oder den Ereignissen die Verantwortung dafür in die Schuhe zu schieben. Welchen Einfluß hätten wir dann noch auf sie? Wir wären ihnen hilflos ausgeliefert und hätten keine Chance, unsere Gefühle in irgendeiner Weise zu beherrschen.

Wenn Sie Ihre Ressourcen voll entfalten möchten, dann sollten Sie sich also ein für allemal zu der Auffassung bekehren, daß Sie selbst Pilot Ihrer *inneren Zustände werden können;* so können *Sie* Ihren freien Willen behaupten.

Verwaltung Ihrer inneren Zustände heißt also für Sie:
- Ressourcenzustände aufbauen oder wiederherstellen;
- lernen, mit Hilfe eines Ankers (manchmal auch Auslöser genannt) nach eigenem Willen über sie zu verfügen.
- lernen, die Begrenzungszustände zu erkennen und zu neutralisieren.

Was heißt assoziieren oder dissoziieren?

Vielleicht haben Sie selbst schon gemerkt, daß die Erinnerung an Vergangenes mit bestimmten Emotionen von damals verbunden sein kann – oder auch nicht. Wenn man diese Gefühle wiederfindet, ist man im Sprachgebrauch des NLP mit dem Erinnerten *assoziiert*, wenn nicht, ist man *dissoziiert*. Die beiden folgenden „Assoziations-Dissoziations"-Experimente können Sie zum eigenen Vergnügen einmal selbst ausprobieren:

Assoziation: Machen Sie es sich in einer ruhigen Ecke gemütlich, wo keiner Sie stört. Stellen Sie sich in Gedanken vor, Sie liegen ausgestreckt im herrlich warmen Sand am Meer. Sie merken, daß Sie zwar den blauen Himmel sehen können, nicht aber Ihr eigenes Gesicht, ganz als lägen Sie jetzt tatsächlich im Sand. Auch Ihre Fußzehen können Sie aus dieser Perspektive erkennen; während Sie so liegen, können Sie die Unebenheiten im Sand unter Ihrem Rücken und die warme Sonne auf dem Bauch spüren. Horchen Sie auf das Rauschen der Wellen, lassen Sie den Sand zum Vergnügen durch die Hände rieseln – Sie können ihn riechen. Sie spüren, wie Ihr Körper ganz so reagiert, als lägen Sie jetzt wirklich am Strand. Sie sind mit Erinnerungen *assoziiert*.

Dissoziation: Jetzt stellen Sie sich einen Fernsehschirm vor, auf dem zu sehen ist, wie Sie im Sand liegen. Sie können die Szene bis in die Einzelheiten betrachten, auch Dinge, die Sie im vorigen Experiment gar nicht wahrgenommen hatten: Sie sehen zum Beispiel, was hinter Ihrem Rücken vor sich geht, aber Sie spüren nicht mehr die Wellen im Sand, Sand und Meer können Sie nicht mehr riechen. Sie erfahren nicht mehr die gleichen physiologischen Reaktionen. Sie sind vom Erinnerten *dissoziiert*.

Auf solche Weise werden wir von zahlreichen Situationen unseres Leben unwillkürlich dissoziiert, und das ist bedauerlich, wenn es sich um positive Situationen handelt und wir statt dessen mit negativen Situationen assoziiert bleiben.

Wenn wir imstande sind, nach eigenem Willen zu assoziieren und zu dissoziieren, und wenn uns diese Fähigkeit bewußt ist, können wir unsere inneren Zustände besser verwalten.

Wie man lernt, die inneren Zustände zu verwalten

Vierundsechzigster Tag

Wenn Sie heute abend nach Hause kommen, nehmen Sie sich die Zeit, *noch einmal einen erfreulichen Augenblick des zurückliegenden Tages zu durchleben.* Gönnen Sie sich einen amüsanten Streifzug durch alle mit diesem Augenblick verknüpften VAKO-Formen, bis Sie die gleichen Empfindungen wiedererleben. Versuchen Sie sich zu assoziieren. Es hilft, wenn Sie dazu die folgenden Punkte nacheinander durchgehen:
– visuell: *wo, mit wem, Einzelheiten …*
– auditiv: *die Stimme, Wörter, Hintergrundgeräusche …*
– kinästhetisch: *Empfindungen von Wärme, von Leichtigkeit, Atmung …*
Versuchen Sie, bei Ihrem Streifzug die Einzelheit herauszufinden, bei der Sie beginnen, die mit der Erinne-

rung verbundenen Gefühle neu zu spüren. Ist das beispielsweise:
- der *Klang* der Stimme einer Person?
- das *Gesicht* einer Person?
- der *Augenblick*, als Sie einen Raum betraten?
- ein *Bilderrahmen* an der Wand?
- usw.

Fünfundsechzigster Tag
Wir laden Sie heute ein zu einer *Vergnügungsfahrt in
die Vergangenheit*. Machen Sie es sich wieder an Ihrem
Lieblingsplatz gemütlich, und erinnern Sie sich an etwas besonders Amüsantes. Mit Vergnügen sehen Sie all
die Leute um sich herum, die in der Szene mit dabei waren. Lassen Sie die Einzelheiten vor sich ablaufen:
- Sind Sie *jetzt draußen*, auf dem *Land*, auf der *Straße*,
  bei sich *zuhause?*
- Jetzt *hören*, jetzt *sehen* Sie wieder, worüber Sie damals so lachen mußten.
- Kosten Sie mit *Vergnügen* dieselben Gefühle wie damals aus.
Manche von Ihnen werden bemerkt haben, daß sie die
Gefühle mit derselben Intensität wiedererlebt haben
wie ursprünglich. Andere von Ihnen werden vielleicht
sagen: Eher zu achtzig oder neunzig Prozent. Unser Gehirn ist ein getreuer Diener, stets dazu bereit, uns einen
Gefallen zu tun, wenn wir uns nur die Zeit nehmen, ihn
darum zu bitten.

Sechsundsechzigster bis siebzigster Tag.
Nehmen Sie sich täglich zehn bis fünfzehn Minuten die
Zeit, *besonders angenehme, an Erinnerungen ge-
knüpfte Gefühle wachzurufen*. Dafür lassen sich belie-
big viele Beispiele finden:
- ein Augenblick der *Entspannung*;

- eine *physische Leistung,* auf die Sie stolz sein können;
- eine Situation im Berufsleben, in der Sie sich *selbst stark fanden;*
- ein *besonders schöner Augenblick mit Ihren Kindern,* in dem Ihnen das Glück bewußt wurde, Mutter oder Vater zu sein.

Wir empfehlen Ihnen, diese Übung wie eine tägliche Gymnastik zu praktizieren. Sie hat den Vorteil, daß man sie überall machen kann, wo man gerade Lust dazu hat: im Büro, in Bus oder Bahn, im Bett, im Sessel, auf der Straße, in der Badewanne ...

Einundsiebzigster Tag

Heute geht es um *plötzliches Wechseln eines inneren Zustandes.* Das ist ein simples Mittel, die eigene Laune zu verändern und wird Ihnen im Alltagsleben sehr nützlich sein. Nehmen wir an, Sie sind an einem Morgen in finsterer Stimmung, Sie haben überhaupt keine Lust, zur Arbeit zu gehen, und natürlich muß es ausgerechnet heute auch noch regnen. Um das Bild abzurunden, halten Sie sich selbst dazu noch Reden nach dem Muster: „Was für ein tristes Leben! Am liebsten würde ich im Bett bleiben. Null Bock auf der ganzen Linie ..." Wenn Sie wirklich den Willen haben, aus diesem Zustand herauszukommen, hier ein Tip, der Ihnen helfen kann:
- Stehen Sie auf.
- Stellen Sie die Füße weit auseinander.
- Strecken Sie die Arme nach rechts und links.
- Singen Sie die Selbstreden von eben zur erstbesten Melodie, die Ihnen einfällt.

Erstaunlich, was?

Unsere Verhaltensweisen spiegeln unsere inneren Zustände wider, und in manchen Fällen genügt es, das äußere Verhalten zu verändern, um einen neuen inneren Zustand auszulösen. Ein weiteres Beispiel: Vor ein paar

Jahren kam eine Patientin mit einem harmlosen Gesundheitsproblem zu Bernard. Am Ende des Gesprächs fragt sie ihn, ob er sie nicht wiedererkenne. Nein, muß Bernard gestehen. Daraufhin dehnt sich die Patientin genüßlich ein wenig und meint lächelnd, das sei auch nicht verwunderlich, sie habe nämlich seit dem ersten Sprechstundentermin vor acht Monaten nicht weniger als zwanzig Kilo abgenommen. Und sie erzählt weiter: „Als ich damals im Februar zu Ihnen kam, redete ich eine Viertelstunde über meine Gewichtsprobleme und jammerte über die vielen und wirkungslosen Diäten, die ich schon hinter mir hatte. Sie haben nur zugehört und nichts gesagt. Am Ende fragte ich, was Sie für mich tun könnten, und Sie haben nur gesagt: ‚Solange Sie ständig so die Hände ringen, werden Sie nicht abnehmen.‘ Ich glaubte damals, Sie wollten sich über mich lustig machen, bin aufgestanden, habe bezahlt und bin wütend gegangen. Zuhause habe ich weitergeschimpft, über Sie und über die Ärzte überhaupt, die nie etwas von meinen Problemen begriffen hatten. In dem Augenblick merkte ich, daß ich schon wieder unwillkürlich und sehr heftig beim Händeringen war. Ihre Bemerkung fiel mir wieder ein, und das machte mich noch wütender. Daraufhin legte ich die Hände auf die Lehnen des Sessels, in den ich mich geflüchtet hatte. Von da an fühlte ich mich plötzlich wie unfähig, noch weiter über mein Übergewicht zu klagen. Es war, als hätte ich irgendetwas befreit, als ich meine Hände losließ."

Anschließend hatte die Patientin sich zu einer Kur entschlossen und hatte sich nach der Rückkehr einer bekannten, für ständige Diätbegleitung sorgenden Selbsthilfegruppe angeschlossen. Acht Monate später kam sie zu Bernard und erzählte ihre Geschichte.

Indem Bernard die Frau nötigte, ein bedeutsames und eng mit ihrem inneren Zustand verknüpftes Verhaltenselement zu verändern, hatte er das daran gebundene Programm außer Kraft gesetzt. Nun fand sie keinen Zugang mehr zu diesem Zustand und war gezwungen, einen anderen Verfahrensweg zu suchen; offenbar hatte sie sich zum Handeln entschlossen.

Zweiundsiebzigster Tag

Um einen inneren Zustand leicht zu identifizieren, konzentrieren Sie sich heute auf das, was Sie im Innern spüren. Fangen wir doch gleich einmal an mit dem Zustand, in dem Sie sich hier und jetzt gerade befinden:

– Welchen Namen könnten Sie dem Zustand geben, der am besten die Art und Weise beschreibt, wie Sie sich jetzt fühlen?
– Welche Farbe könnte diesen Zustand am besten repräsentieren?
– Gehen Sie einmal Ihre Körperpartien nacheinander durch.
– Liegen Sie jetzt gerade, sitzen oder stehen Sie?
– Halten Sie sich aufrecht oder eher gebückt, verkrümmt?
– In welchem Zustand befindet sich Ihre Muskulatur? (Je nachdem, ob Sie stehen oder sitzen, sind Ihre Muskeln unterschiedlich angespannt.)
– Wo atmen Sie? Über Bauch und Zwerchfell oder über den Thorax?
– Spüren Sie irgendetwas Besonderes an einer bestimmten Stelle Ihres Körpers, oder haben Sie eher diffuse Empfindungen?
– Wenn Sie Ihren Zustand auf einer Intensitätsskala von 0 bis 10 einstufen sollten, welchen Wert würden Sie ihm ganz spontan zuweisen?
– Ist Ihnen warm oder frieren Sie?
– Fühlen Sie sich eher leicht oder schwer?
– Empfinden Sie den Zustand als angenehm?

- Haben Sie das Gefühl, sich noch immer in demselben Zustand zu befinden wie zu Beginn der Übung, oder hat sich der Zustand inzwischen schon wieder verändert?
- Sind Sie vielleicht gerade dabei, sich im Selbstgespräch etwas zu sagen?
- Wenn Sie sich auf Ihren Zustand konzentrieren, tauchen dabei irgendwelche Bilder auf?
- In welchen Augenblicken Ihres Lebens wäre es günstig, wenn Sie sich in einem ebensolchen Zustand befinden würden?
- Was haben Sie sich für die nächsten Stunden oder Minuten vorgenommen? Kann der jetzige Zustand Ihnen dabei hilfreich sein?

Sie haben vielleicht gemerkt, daß einige Fragen leichter zu beantworten waren als andere, oder daß Sie bei der einen oder anderen Frage auch einfach gar keine Antwort wußten. Zum Beispiel fiel Ihnen etwa kein besonderes Bild ein, als Sie sich auf Ihren Zustand konzentrierten, während Ihnen die Antwort auf andere Fragen ganz selbstverständlich erschien.

Je mehr Sie lernen, Ihre inneren Zustände zu identifizieren, desto deutlicher werden Sie merken, daß jeder Zustand durch wenige spezifische Punkte charakterisiert ist, die man als die wichtigsten erkennen kann. Nelly hat einem Zustand beispielsweise den Namen „Selbstvertrauen" gegeben; sie weiß, daß sie sich in diesem Zustand aufrecht hält, daß sie geradeaus blickt und daß ihre Kiefermuskeln merklich gespannt sind; sie atmet dann übers Zwerchfell und sagt zu sich: „Wird schon klappen". Bernard wiederum spürt in dem inneren Zustand namens „Neugier", wie er ein wenig lächelt, mit den Augen zwinkert und die Nasenflügel leicht geweitet sind. Er sieht eine sonnige Landschaft vor sich und sagt sich: „Phantastisch, was es in der Welt alles zu entdecken gibt!"

Um zu lernen, wie man die wenigen charakteristischen Punkte, die Ihre inneren Zustände determinieren, möglichst rasch erkennen kann, ist es wichtig, den Fragenkatalog der heutigen Übung systematisch durchzugehen.

Dreiundsiebzigster Tag
Zu einem bestimmten Zeitpunkt des vor Ihnen liegenden Tages (und den legen Sie jetzt gleich fest) sollen Sie den inneren Zustand bestimmen, in dem Sie sich dann gerade befinden. Sie sollen also *einen inneren Zustand in laufender Aktion erkennen.* Wählen Sie eine Situation, in der Sie voraussichtlich allein sein werden, und nehmen Sie wieder die Fragenliste aus der vorausgehenden Übung zu Hilfe.

Wenn Sie die verschiedenen Parameter des Zustandes identifiziert haben, notieren Sie sich die vier oder fünf bestimmenden Merkmale. Auch wenn Sie glauben, Sie können die dominierenden Punkte sehr schnell herausfinden, gehen Sie dennoch wieder sämtliche Fragen aus der gestrigen Übung durch; das ist für Sie ein gutes Training im Durchführen von VAKO-Streifzügen. Sie wissen, man muß immer auch Tonleitern und Etüden üben, um fähig zu werden, ein schönes Klavierstück zu spielen; oder wenn Sie lieber fotografieren als Klavier spielen: Man muß schon eine Menge Film „verknipsen", um rascher den richtigen Bildausschnitt zu finden oder das Gefühl zu bekommen für gute Lichtverhältnisse usw.

Vierundsiebzigster Tag
Heute wird erst am Abend „gearbeitet", wenn Sie nach Hause kommen. Sie können also das Buch jetzt wieder zumachen. Wir wünschen Ihnen einen schönen Tag!
Guten Abend!

Setzen Sie sich an Ihren Lieblingsplatz oder jedenfalls an einen Ort, wo Sie sicher nicht gestört werden. Lassen Sie sich Zeit, und machen Sie es sich so bequem wie möglich. Denken Sie an einen Augenblick des zurückliegenden Tages, in dem sie – außerhalb der Familie – beruflich oder aus anderen Gründen mit einer oder mehreren Personen zusammen waren.

Um welches Ziel ging es in dem betreffenden Augenblick, bewußt oder unbewußt, offen ausgesprochen oder verdeckt? Wenn es sich zum Beispiel um eine Arbeitskonferenz handelte, worin lag für Sie letzlich die Zielsetzung dieser Konferenz? Und wenn Sie einfach nur mit einer Freundin oder einem Freund zusammen ein Glas Bier getrunken haben: Ging es wirklich nur darum, ein paar nette Augenblicke miteinander zu verbringen?

War es Ihnen gelungen, dieses bewußt oder unbewußt gesetzte Ziel auch zu erreichen? Wenn ja, was waren genau in diesem Augenblick die charakteristischen Punkte Ihres inneren Zustandes? Lassen sie den ganzen VAKO-Film noch einmal vor sich ablaufen, und suchen Sie die vier oder fünf Dominanten heraus. Wenn nicht, dann verfahren Sie ebenso, fragen Sie sich dabei aber, welcher innere Zustand nötig gewesen wäre, um die Situation positiv zu erleben und damit Ihr Ziel zu erreichen. So! Damit hätten Sie nun gelernt, *einen inneren Zustand im nachhinein (a posteriori) zu erkennen.*

Fünfundsiebzigster Tag

Seit ein paar Tagen schon haben Sie sich mit dem Begriff des inneren Zustands vertraut gemacht; sie haben herausfinden gelernt, wie Sie sich hier und jetzt fühlen, und Sie haben verifizieren gelernt, ob Ihnen der betreffende Zustand jeweils hilft, eine gegenwärtige Situation positiv zu erleben. Sie erinnern sich noch, daß es keine an sich guten oder schlechten inneren Zustände gibt,

sondern solche, die einer Situation angemessen sind –
wir nannten sie „Ressourcenzustände" –, und solche,
die einer Situation nicht angemessen sind, die sogenannten „Begrenzungszustände".

Heute richtet sich die Übungsarbeit in die Zukunft:
Sie sollen *einen inneren Zustand identifizieren, den Sie
für eine künftige Situation benötigen.* Definieren Sie
den inneren Zustand, in dem Sie ein oder zwei real be-
vorstehende Ereignisse am liebsten erleben möchten,
sagen wir, Sie sollen ein Informationsgespräch leiten
oder, ein anderes Beispiel, Sie sollen in einer Konferenz
ein Projekt aus Ihrer Arbeit präsentieren. In beiden Fällen kommt es für sie darauf an, daß die Teilnehmer
Ihren Vortrag richtig verstehen.

1. Legen Sie genau fest, wie Sie sich während des Geschehens verhalten wollen:
   – deutlich sprechen,
   – zwanglos anschauliche Beispiele zur Verdeutli-
     chung Ihrer Gedanken einflechten,
   – bereit sein, auf alle Fragen zu antworten,
   – nachprüfen, ob und wie weit jeder Anwesende die
     Sache verstanden hat
   – usw.

2. In welchem inneren Zustand dürfte es Ihnen denn
   wohl am leichtesten fallen, ein solches Verhalten in
   die Tat umzusetzen? Finden Sie den treffendsten Namen für diesen inneren Zustand. Er könnte zum Beispiel „klarer Kopf" heißen.

3. Wie sieht Ihre innere VAKO-Konstellation aus, wenn
   Sie sich im Zustand „klarer Kopf" befinden? Nelly
   etwa kann ihren klaren Bewußtseinszustand am besten mit einem hellen Weiß visuell verbinden. Sie
   sagt sich, daß sie sich locker fühlt und daß es ein
   schönes Gefühl ist, wenn man so leichten Zugriff auf
   sein eigenes Wissen hat. Sie sagt sich weiter, daß die

Leute jetzt gekommen sind, um etwas Neues zu erfahren und nicht, um sie in eine Ecke zu drängen. Sie fühlt sich unbeengt, ihr Atem geht tief und ruhig und eher über den Thorax. Sie hat den Eindruck, ein klares Gehirn zu haben. Sie spürt, wie entspannt ihr Gesicht ist. Und wie ist es bei Ihnen? Wie kommt bei Ihnen der Zustand „klarer Kopf" zum Ausdruck?

4. Wann befanden Sie sich schon einmal sehr intensiv in diesem Zustand mit „klarem Kopf"? Durchleben Sie in Gedanken die ganze Szene noch einmal mit ihren Einzelheiten:
   - Wo war das?
   - Und wann?
   - Wer war mit dabei?
   - Wie waren Sie gekleidet?

   Während Sie sich alles nach und nach wieder vorstellen, werden Sie merken, daß sich der innere Zustand von damals auch jetzt rasch wieder einstellt. Sparen Sie aber Ihre Kräfte. Wenn Sie unter Punkt 3 schon in den gewünschten Zustand gelangt sind, um so besser! Prüfen Sie dann nur noch, ob es sich auch um den richtigen handelt.

5. So, nun befinden Sie sich in Ihrem Zustand „klarer Kopf". Stellen Sie sich als nächstes die Situation vor, in der Sie diesen „klaren Kopf" benötigen. Schließen Sie ruhig die Augen, falls Ihnen das hilft, sich besser zu konzentrieren. Stellen Sie sich das künftige Ereignis vor, und achten Sie darauf, daß Sie es von dem inneren Klarheitszustand aus erleben, den Sie soeben identifiziert haben. *Achtung:* Stellen Sie sich im voraus nicht vor, wie sich die anderen Personen wohl verhalten werden, sondern konzentrieren sie sich nur auf Ihr eigenes Verhalten. Prüfen Sie, ob ihr Zustand „klarer Kopf" Ihnen wirklich auch hilft, das angestrebte Verhalten zu realisieren, um Ihre Mög-

lichkeiten maximal auszuschöpfen. Sollte dem zufällig nicht so sein, wählen sie einfach einen anderen inneren Zustand als Ressource aus.

Morgen werden Sie diesen inneren Zustand „installieren".

Sechsundsiebzigster Tag

Heute setzen Sie die gestern begonnene Arbeit fort und lernen, wie Sie zu einem bestimmten Zweck *einen inneren Zustand „installieren"*.

1. Versetzen Sie sich wieder, wie oben gezeigt, in den gestern bereits ausgewählten inneren Zustand.

2. Wenn Sie sich wieder in diesem Zustand befinden, dürfen Sie sich amüsieren, folgende Elemente damit zu assoziieren:
   - eine Farbe,
   - ein Wort,
   - eine Geste.

   (Im letzten Punkt sollte es sich um eine präzise und etwas ausgefallene Geste handeln, die sie nicht alltäglich gebrauchen: Drücken Sie beispielsweise Daumen und Zeigefinger der linken Hand ganz fest zusammen.) Farbe, Wort und Geste müssen Sie natürlich schon ausgesucht haben, bevor Sie den inneren Zustand erreichen, um sie bei Bedarf immer gleich parat zu haben.

3. Nun sind Sie im inneren Zustand „klarer Kopf"; Sie sehen in Gedanken die Farbe „X", Sie sprechen dazu das Wort „Y" und assoziieren dazu die Geste „Z".

4. Wiederholen Sie Punkt 3 ein paarmal. Während Sie sich im inneren Zustand „klarer Kopf" befinden, stellen Sie sich wie gestern wieder Ihr Verhalten in der bevorstehenden Situation vor. Auch damit können Sie sich mehrmals amüsieren.

5. Jetzt denken Sie einmal an etwas ganz anderes, ge-

hen Sie zum Beispiel eine Tasse Kaffee oder Tee trinken.

6. Sie befinden sich also wieder in einem anderen inneren Zustand als in dem namens „klarer Kopf". Denken Sie spaßeshalber nun wieder an die ausgewählte Farbe oder an das Wort oder an die Geste (oder an alle drei, wenn Sie es perfekt haben wollen). Freudig dürfen Sie feststellen, daß der innere Zustand „klarer Kopf" rasch wieder auftaucht. Bei manchen Menschen dauert es nur eine Sekunde, bei anderen zehn oder fünfzehn.

7. An den folgenden Tagen sollen Sie immer wieder täglich ihre visuellen, auditiven und kinästhetischen Ankerreize „reaktivieren".

8. Unmittelbar bevor das gestern vorausbestimmte Ereignis in Ihrem Leben stattfindet, bevor Sie also zum Beispiel in den Konferenzraum eintreten, reaktivieren Sie wieder ihre Ankerreize, und dann lassen Sie den Dingen ihren Lauf. Der innere Zustand tritt automatisch auf.

Sollten Sie in den nächsten Tagen oder Monaten wiederholt Ereignisse ähnlicher Art erleben, werden Sie feststellen, daß Sie Ihre Ankerreize gar nicht mehr benötigen. Bei manchen Menschen löst allein die Situation bei ihrem erneuten Auftreten schon automatisch den inneren Zustand aus; andere brauchen drei oder vier Erfahrungen, ehe dies der Fall ist.

Zu Beginn dieses Kapitels hatten wir gesagt, daß zum Verwalten unserer inneren Zustände drei Dinge gehören: Wir müssen unsere Ressourcenzustände identifizieren können, zweitens gelernt haben, über unsere Ressourcenzustände zu disponieren, und schließlich müssen wir unsere Begrenzungszustände neutralisieren. Die Übungen haben Sie bisher in den ersten beiden Punkten weitergebracht. Die „Werkzeuge", die uns bei der Bearbeitung des dritten Punktes helfen – Techniken wie *Desaktivieren, Submodalitäten* oder einfaches *Dissoziieren* –, sollte man im allgemeinen immer zu zweit praktizieren: Sie erinnern sich noch an das Beispiel von Véronique und Bernard. Wenigstens eine Übung möchten wir Ihnen aber anbieten, die Ihnen helfen wird, Begrenzungszustände auch allein zu neutralisieren. Erwarten Sie freilich nicht, daß es Ihnen (von Ausnahmen abgesehen) immer gelingen wird, sie völlig zu beseitigen. Immerhin wird die Übung Ihnen aber helfen, die mit einer negativen Erinnerung verknüpften Emotionen so weitgehend zu verringern, daß sie nicht mehr störend wirken.

Siebenundsiebzigster bis achtzigster Tag
Sie haben viel Zeit darauf verwendet, Ihre eigenen Ressourcen zu mobilisieren, um im nötigen Moment auf sie zurückgreifen zu können. Manch einer von Ihnen war vielleicht überrascht, wie leicht man so über die eigenen Ressourcen verfügen kann. In solchen Fällen kann man sagen, die Ressource ist *integriert*, denn die Situation selbst ist zum Auslöser der Ressource geworden. Man braucht keine Ankerreize mehr.

Nun erleben wir natürlich nicht nur Ressourcenzustände. Selbst wenn uns die technischen Kompetenzen und das nötige Wissen zur Verfügung stehen, fällt es uns manchmal schwer, mit bestimmten Situationen unseres Berufs- oder Privatlebens fertigzuwerden, zum Beispiel, wenn wir öffentlich reden oder eine Konferenz leiten sollen, wenn es gilt, einen Kollegen zu kritisieren oder zu loben, ein Geschäft auszuhandeln, einem Kind die Schulaufgaben zu erklären und dabei Geduld und Nerven zu behalten, mit dem Lebenspartner ein Problem zu diskutieren usw.

Hier soll nicht der Eindruck entstehen, als könnten

Sie gleich fähig werden, Ihre Begrenzungen sämtlich zu neutralisieren. Aber Sie gehen ja auch jetzt schon oft zu Lebenssituationen auf Distanz, die Sie nicht so erlebt haben wie gewünscht. Sie sagen sich hinterher etwa: „Ich hätte lieber dies oder das sagen sollen ...“ oder: „Beim nächsten Meeting muß ich unbedingt versuchen, mich besser zu beherrschen ...“, oder: „Wenn er mit dem Thema noch einmal anfängt, muß ich ihm mal ordentlich sagen, was ich davon halte ...“ Sie haben natürlich auch schon selbst versucht, Situationen dieser Art zu analysieren, um zu begreifen, warum Ihnen etwas danebengegangen ist. Sie haben bestimmt auch schon versucht, sich selbst zu korrigieren, aber in einer konkreten Situation, in der man schon einmal einen Fehlschlag erlebt hat, ist erfolgreiches Verhalten leichter gewollt als getan. Wir wollen Ihnen daher ein Mittel an die Hand geben, um Distanz „à la NLP“ zu gewinnen. Es handelt sich wie gesagt um *ein* Mittel, unter anderen, und damit *allein* werden Sie sicher nicht alle Schwierigkeiten meistern können, die Ihnen begegnen. In gewissen Fällen wird dieses Mittel aber durchaus genügen, um künftige Situationen in einer anderen Geistesverfassung in Angriff zu nehmen und alle Chancen zu wahren, ein gestecktes Ziel zu erreichen.

Wir schlagen Ihnen als erstes vor, sich an etwas zu erinnern, das unweigerlich mit unerfreulichen Empfindungen assoziiert ist. Die weitere Übungsarbeit besteht darin, *das Geschehene mit eigenen Augen zu sehen.* Lesen Sie zunächst das folgende Beispiel. Wir werden anschließend die verwendete Methode mit ihren vier Phasen kurz erläutern.

Nathalie ist Chefsekretärin von Beruf. Jedesmal, wenn sie an das Beurteilungsgespräch mit ihrem direkten Vorgesetzten vor einem Jahr zurückdenkt, sind damit sogleich wieder all die unangenehmen Empfindungen assoziiert, die sie damals erlebt hatte: zusammengebissene Zähne, ein „Kloß" im Hals, die Hände leicht zittrig und der Kopf wie leer-geblasen. Sie hatte nur mühsam ihre Worte gefun-den und war nicht fähig gewesen, gegen das Urteil des Chefs über ihre Arbeit irgendetwas einzuwen-den. Das Gespräch hatte in einem Fiasko geendet und bot keine Aussicht auf künftige Veränderung oder Aufstieg. Sie hat seit dem Gespräch das Gefühl, keinen Schritt weitergekommen zu sein, und so sieht sie mit Bangen das Gespräch in der nächsten Woche auf sich zukommen, wenn wieder eine Bilanz ihrer Arbeit des vergangenen Jahres fällig ist.

Erste Phase
Wir bitten Nathalie zunächst, einen Stift zu nehmen und die Szene auf ein Blatt Papier zu schreiben, und zwar im Präsens und in der ersten Person.

„Es ist 10 Uhr, ich betrete das Büro meines Chefs. Ich sage mir jetzt schon, das wird nicht leicht; das geht sicher schief. Ich sehe, wie er hinter seinem Schreibtisch sitzt. Er steht nicht einmal auf, um mich zu begrüßen, und an seiner Miene kann ich gleich se-hen, daß meine Befürchtungen begründet sind. Er gibt mir ein Zeichen, mich zu setzen, und dann sagt er zu mir: ,Also bringen wir das letzte Jahr mal auf den Punkt. Ich meinerseits habe da ein paar Sachen bemerkt, die mir nicht passen. Beispiel: Sie kommen häufig zu spät. Mir scheint, als nehmen Sie Ihren Be-ruf nicht so ganz ernst, und manchmal habe ich den Eindruck, Ihr Einsatz läßt auch zu wünschen übrig.'

Während er weiterredet, fühle ich mich immer un-wohler. Ich höre schon gar nicht mehr genau, was er sagt. Seine Worte sind wie ein Hintergrundgeräusch, das mich in größte Verwirrung stürzt; ich merke, wie meine Kiefer sich verkrampfen; ich möchte reagieren, weiß aber nicht, was ich sagen soll. Immer wenn ich etwas sagen will, fange ich an zu stottern, meine Hände zittern leicht, die Kehle ist wie zugeschnürt. Nun fragt er mich, was ich denn selbst zu all dem meine. Ich blicke ihn unsicher an und kann nur eben hervorbringen, daß ich das Gesagte etwas übertrieben finde und daß ich nicht mit allen seinen Bemerkungen einverstanden bin, aber Genaueres fällt mir nicht dazu ein. Und so geht das Gespräch zu Ende mit der Bemerkung: ‚Ich gehe also davon aus, daß Sie sich etwas mehr anstrengen, Nathalie.'"

In der Tat also kein besonders glänzender Gesprächsverlauf. Abgesehen davon, daß dieser Chef dringend einmal lernen müßte, wie man Personalgespräche führt, ist es Nathalie ganz offensichtlich nicht gelungen, mit ihrer Situation fertigzuwerden.

Zweite Phase
Nathalie nimmt sich den Text noch einmal vor, aber aus einer anderen Perspektive: Sie ist nun selbst Beobachterin der Szene. Sie kann folglich nicht mehr angeben, was sich im Innern von Nathalie abspielt, sondern nur beschreiben, was sie als Zuschauerin zu sehen bekommt, wenn sie die Szene auf einem Bildschirm verfolgt. Folgerichtig erzählt sie diesmal in der dritten Person:

„Es ist 10 Uhr. Nathalie tritt ins Büro ihres Chefs. Sie wirkt äußerst gestreßt. Sie blickt auf den Chef hinter seinem Schreibtisch. Der steht nicht auf, um sie zu begrüßen. Er gibt ihr ein Zeichen, sie möge sich setzen, und sagt dann zu ihr: ‚Also bringen wir das letzte Jahr mal auf den Punkt. Ich meinerseits habe da ein paar Sachen bemerkt, die mir nicht passen. *Beispiel: Sie kommen häufig zu spät. Mir scheint, als nehmen Sie Ihren Beruf nicht so ganz ernst, und manchmal habe ich den Eindruck, Ihr Einsatz läßt auch zu wünschen übrig.'*

Während er weiter zu ihr spricht, fühlt sie sich sichtlich unwohl. Es scheint, als wären die Worte des Chefs für sie nur ein Hintergrundgeräusch, bei dem sie in größte Verwirrung gerät. Ihre Kiefer verkrampfen sich. Man hat zwar den Eindruck, sie möchte reagieren, aber offenbar weiß sie nicht, was sie sagen soll. Immer wenn sie einen Einwand versucht, fängt sie an zu stottern, die Hände zittern etwas, sie schluckt mühsam. Nun fragt der Chef, was sie denn selbst zu all dem meine; sie blickt ihn unsicher an und kann lediglich hervorbringen, das sei wohl etwas übertrieben, und sie sei nicht mit allen seinen Bemerkungen einverstanden. Das Gespräch endet mit der Bemerkung: ,Ich gehe also davon aus, daß Sie sich ein bißchen mehr anstrengen, Nathalie.' Sie verläßt das Büro mit merklich ungutem Gefühl."

Dritte Phase
Nathalie bleibt in ihrer Beobachterrolle und spricht auch weiter in der dritten Person. Diesmal schreibt sie Nathalie ein situationsgerechtes Verhalten zu, mit dem sie die Situation gut zu bewältigen vermag:

"Es ist 10 Uhr. Nathalie tritt ins Büro ihres Chefs. Sie scheint fest entschlossen, alles zu tun, damit das Gespräch konstruktiv verläuft. Sie blickt auf den Chef hinter seinem Schreibtisch, der nicht einmal aufsteht, um sie zu begrüßen. Aber auch dessen Miene kann sie offenbar nicht aus der Fassung bringen. Sie bleibt auf der Hut und sieht zu, alles bestens über die Bühne zu bringen. Der Chef gibt ihr ein Zeichen, sie möge sich setzen, und sagt dann zu ihr:

,Also bringen wir das letzte Jahr mal auf den Punkt. Ich meinerseits habe da ein paar Sachen bemerkt, die mir nicht passen. Beispiel: Sie kommen häufig zu spät. Mir scheint, als nehmen Sie Ihren Beruf nicht so ganz ernst, und manchmal habe ich den Eindruck, Ihr Einsatz läßt auch zu wünschen übrig ...'

Während er weiterredet, richtet Nathalie alle Aufmerksamkeit auf ihren Gesprächspartner, um mit ihm Rapport aufzubauen. Sie weiß nämlich, daß sie ihren Beruf mag und daß sie auch nach besten Kräften arbeitet. Sie fragt ihren Chef also, worauf er sich denn konkret bezieht, wenn er an ihrem Einsatz zweifelt. Der Chef nennt zwei Fakten, ihr Zuspätkommen und eine gewisse Passivität bei Konferenzen. Nathalie räumt ein, daß ihr das Aufstehen schwerfällt und daß sie ein- oder zweimal in der Woche erst um 9 Uhr 15 kommt statt um 9 Uhr. Bei Konferenzen hält sie sich bewußt zurück, weil sie es nicht für ihre Rolle hält, sich einzuschalten. Zwar kann sie verstehen, daß ihr Gesprächspartner auf die genannten Punkte großen Wert legt, aber sie kann ihm versichern, daß all dies wirklich nichts zu tun hat mit etwaigem Desinteresse an der Arbeit, die mache ihr nämlich wirklich Spaß. Sie hat beispielsweise wiederholt an Wochenenden Akten mit nach Hause genommen, um sich auf dem laufenden zu halten, und sie liest regelmäßig Fachzeitschriften, auch während der Freizeit. Sie will sich aber gern bemühen, etwas regelmäßiger pünktlich da zu sein, nur hundertprozentig will sie es lieber nicht versprechen. Der Chef scheint damit ganz zufrieden. Nathalie fragt nun ihrerseits, welche Rolle er denn von ihr während der Arbeitskonferenzen erwarte; vielleicht könne man da ein paar Punkte neu definieren. Sie wechseln noch ein paar Worte zu diesem Thema, *und die Diskussion verläuft sehr konstruktiv und in entspannter Atmosphäre."*

Vierte Phase
Nathalie macht sich dieses Verhalten diesmal selbst zu eigen, indem sie den Text der dritten Phase in die erste Person umschreibt und den inneren Dialog zusätzlich einzufügt.

„Es ist 10 Uhr. Ich trete in das Büro meines Chefs. Mir ist klar, daß ich alles tun muß, damit dieses Gespräch konstruktiv verläuft. Ich sehe meinen Chef hinter seinem Schreibtisch sitzen. Er steht nicht einmal auf, um mich zu begrüßen, und bei seiner Miene sage ich mir, daß ich auf der Hut sein muß, wenn alles bestens über die Bühne gehen soll. Er gibt mir ein Zeichen, ich soll mich setzen, und dann sagt er zu mir: ‚Also bringen wir das letzte Jahr mal auf den Punkt. Ich meinerseits habe da ein paar Sachen bemerkt, die mir nicht passen. Beispiel: Sie kommen häufig zu spät. Mir scheint, als nehmen Sie Ihren Beruf nicht so ganz ernst, und manchmal habe ich den Eindruck, Ihr Einsatz läßt auch zu wünschen übrig...'

Ich konzentriere alle Aufmerksamkeit auf meinen Gesprächspartner, um mit ihm Rapport aufzubauen. Ich sage mir zwar, daß er wirklich ziemlich ungenießbar aussieht, aber da ich weiß, daß mir mein Beruf gefällt und daß ich mein Bestes gebe, frage ich ihn, was ihm denn Anlaß gegeben hat, an meinem Arbeitseinsatz zu zweifeln. Mein Chef nennt mir zwei konkrete Punkte: zum einen die Tatsache, daß ich zu spät komme, und dann eine gewisse Passivität bei Konferenzen. Ich weiß natürlich, wieviel Mühe ich morgens mit dem Aufstehen habe, und es stimmt auch, daß ich ein- bis zweimal in der Woche erst um 9 Uhr 15 komme statt um 9 Uhr. An Konfe-

renzgesprächen beteilige ich mich in der Tat nicht sonderlich, weil ich meine, es gehört nicht zu meiner Rolle, mich einzuschalten. Ich kann ihm also beide Punkte bestätigen und sage ihm, daß ich zwar verstehen kann, wenn er auf diese Dinge großen Wert legt, aber aus meiner Sicht habe das nichts zu tun mit einem etwaigen Desinteresse an meiner Arbeit, die mir wirklich Spaß mache. Es komme – das nur als ein Beispiel – immer wieder vor, daß ich die eine oder andere Akte am Wochenende mit nach Hause nähme. Außerdem lese ich regelmäßig Fachzeitschriften, auch in meiner Freizeit.

,Ich sehe aber, wie wichtig Ihnen das ist,‘ sage ich zu ihm, ,daher will ich mich gern bemühen, regelmäßiger um 9 Uhr im Büro zu sein, aber so ganz hundertprozentig will ich das lieber nicht versprechen.‘ Damit scheint er ganz zufrieden. Ich frage ihn noch, welche Rolle er bei Konferenzen von mir erwartet. Vielleicht wäre da der eine oder andere Punkt neu zu definieren. Wir wechseln noch ein paar Worte zu diesem Thema und unterhalten uns anschließend sehr konstruktiv weiter in einer nun entspannten Atmosphäre."

Sie haben natürlich schon begriffen, worum es bei diesem „Spiel" geht. Schauen wir uns die Spielregeln etwas näher an:

– Erste Phase: Sie berichten schriftlich von einem unerfreulichen Erlebnis, und zwar schreiben Sie *in der ersten Person Singular und im Präsens*. Erwähnen Sie auch, was während des Geschehens in Ihnen vorging, und präzisieren Sie, was Sie zu sich selbst im Kontext der Situation gesagt haben. Selbst wenn Sie in der ersten Person schreiben, ist das Niederschreiben bercits ein Einstieg in die Dissoziation.

– Zweite Phase: Sie übernehmen den Standpunkt *eines außenstehenden Beobachters*. Sie sind sozusagen der Journalist, der schriftlich kommentieren soll, was Sie gefilmt haben. Damit dissoziieren Sie sich von der Szene. Natürlich können Sie nun auch nicht mehr sagen, was sich gleichzeitig in Ihrem Inneren abspielt. Sie können nur beschreiben, was Sie beobachten.

– Dritte Phase: *Die von Ihnen beobachtete Person (also Sie selbst) legt nun genau das Verhalten an den Tag, mit dem sie die Situation bewältigen und das erhoffte Ergebnis erzielen kann. Achtung:* Verändern Sie dazu nicht den Kontext der Ausgangssituation. Wenn niemand gelächelt hat, dürfen die Beteiligten auch jetzt nicht alle fröhlich daherkommen. Es geht um eine veränderte Verhaltensweise angesichts der gleichen Situation. Allerdings wird das neue Verhalten (also ihr eigenes) sicher auch einen anderen Einfluß auf das weitere Geschehen haben. Deshalb müssen Sie sich auch vorstellen, wie ihre Gesprächspartner am wahrscheinlichsten reagieren würden. Sie sind gewissermaßen der Regisseur, der einem einzelnen Schauspieler auf der Bühne die Anweisung gibt, anders zu spielen, um zu sehen, wie das Spiel der übrigen Schauspieler dadurch verändert wird.

– Vierte Phase: Jetzt machen Sie sich die Verhaltensweisen der dritten Phase selbst zu eigen. *Bringen Sie auch wieder Ihre Empfindungen und den zum neuen Verhalten passenden inneren Dialog zum Ausdruck. Schreiben Sie in der ersten Person und im Präsens.*

Zweck der Übung ist es, die damals erlebten unangenehmen Gefühle in ihrer Intensität auf ein erträgliches Niveau zu reduzieren. Sie können sich künftig an diese oder eine ähnliche Situation wieder erinnern, ohne das urspüngliche Unwohlsein zu verspüren. Damit sind Sie bei Bedarf auch imstande, die Ressource zu installieren, die für einen günstigeren Verlauf der nächsten Situation (oder des nächsten Ereignisses) gleichen Typs notwendig ist.

Xavier, Informatiker

Ich hatte des öfteren Probleme mit dem Einschlafen. Eines Tages sagte mein Großvater: „Wenn du dich ständig im Bett herumdrehst, mußt du das Pendel von der Uhr anhalten." Immer wenn ich nun nicht schlafen kann, weil ich irgendwelche Ideen hin- und herwälze, mache ich in Gedanken die Bewegung, mit der man das Pendel einer Standuhr anhält, und eine Minute später schlafe ich schon. Das hilft mir in den Zeiten, wenn es im Beruf besonders viel zu tun gibt. Ich hätte sonst die Tendenz, mich permanent mit Problemen herumzuschlagen.

Patrick, Arzt und Mitglied einer Aids-Beratungsgruppe

Ich arbeite aktiv in einer Initiative mit, in der wir versuchen, Informationen über Aids in der Bevölkerung zu verbreiten. Ich komme dadurch in viele Organisationen, Schulen, zu Soldaten und unterschiedliche Gruppen, um Vorträge zu halten. Vor meinen ersten Auftritten, das gestehe ich offen, hatte ich außerordentlich ungute Gefühle beim bloßen Gedanken, vor zehn, zwanzig oder gar hundert (und mehr) Personen allein reden zu müssen. Trotz intensiver Kenntnis der Materie geriet ich völlig in Panik, was dazu führte, daß ich anfing zu stottern, konfus wurde und mich innerlich extrem unwohl fühlte. Das wurde leider auch während der Redezeit nicht besser.

Damals meldete ich mich zu einem NLP-Kurs an. Bald nach diesem Kurs kam mir der Gedanke, einen Ressourcenzustand mit dem Griff ans Mikrofon zu assoziieren. Der Effekt war verblüffend. Ich sagte mir zwar, das würde wohl nicht auf Dauer so funktionieren und sei nur ein Oberflächeneffekt, aber auch heute, zwei Jahre danach, fühle ich mich immer noch in gleicher Weise entspannt, wenn ich in der Öffentlichkeit rede. Ich brauche auch inzwischen das Mikrofon nicht mehr als Ankerreiz. Es genügt, wenn ich vor einem Publikum stehe, und schon verfüge ich über alle meine medizinischen Kenntnisse und Handlungskompetenzen.

Schluß

Wenn Sie bis ans Ende dieses Buchs gelangt sind, müßten Sie sich einen gewissen Fundus an Kenntnissen in Sachen Kommunikation und Persönlichkeitsentwicklung angeeignet haben. Wenn dem so ist, haben auch wir unser Ziel erreicht.

Sie haben in kleinen Schritten Techniken erlernt, mit denen man auf einem subtileren und wirksameren Niveau Beziehungen zu den Mitmenschen aufnehmen kann. Durch solche Techniken sollen Sie nicht mehr Macht über andere bekommen, vielmehr wird Ihnen dabei die Verantwortung den Mitmenschen und sich selbst gegenüber nur um so deutlicher geworden sein. Ihnen ist bewußt geworden, daß die eigenen Empfindungen uns nicht in unabänderlichen Formen vorgegeben sind, sondern daß jeder von uns in der Lage ist, sie zu verstärken oder abzumildern, zu verändern oder anzupassen, freilich nur insoweit es für uns auch Sinn macht. Der Sinn hat Vorrang vor allem anderen. In dieser Hinsicht bietet NLP durchaus auch eine Ergänzung zu anderen Methodenansätzen und eine Bereicherung für umfassendere Wege der Persönlichkeitsentwicklung gleich welchen Ursprungs. NLP kann nämlich in gewissen Momenten einen sehr wirkungsvollen Beitrag leisten, wenn es darum geht, die Dinge konkret „aufzuknoten". NLP gibt uns die Mittel, Dinge zu verändern, ohne dabei die Beherrschung und Verantwortung in bezug auf die verfolgten Ziele aus der Hand zu geben. In den Bereichen der Therapie oder Fortbildungsarbeit in Unternehmen geht es übrigens immer auch – unter dem Begriff „Prüfen der Veränderungsökologie" – um die Evaluierung des absehbaren Erfolgs der gewünschten Veränderungen. Bei diesem Vorgang muß man sich vergewissern, ob eine angestrebte Veränderung sich – nach den Kriterien der beteiligten Personen oder der Gruppe – auch wirklich positiv auswirken wird und ob sie mit dem Weg der Gruppe oder der Personen allgemein in Einklang steht.

Unser Buch erhebt nicht den Anspruch, alle NLP-Reichtümer resümiert zu haben, denn NLP hat noch eine ganze Palette weiterer Veränderungsmethoden zu bieten. Zu deren Training ist jedoch jeweils die Einbeziehung einer weiteren Person nötig. Aus diesem Grunde haben wir sie in dieses Übungsbuch zum persönlichen Gebrauch nicht mit aufgenommen.

Wir hoffen aber, daß wir bei Ihnen die Neugier geweckt haben, diese ständig sich weiterentwickelnde Methode noch umfassender kennenzulernen. Wie so vieles menschliche Tun unterliegt auch NLP manchen Launen des Modischen, aber gerade weil sich hier ein so bemerkenswerter Zugangsweg zu den Beziehungen öffnet, die wir zu uns selbst und zu den Mitmenschen pflegen, bleibt NLP unempfindlich gegen die oberflächlichsten modischen Strömungen.

Bevor wir Ihnen einige Bücher zur weiterführenden Lektüre empfehlen, möchten wir Ihnen gern noch ein kleines orientalisches Märchen erzählen, überliefert von Meister Taisen Deshimaru in der Sammlung *Le Bol et le Baton* (Die Schüssel und der Stock):

Der Spiegel in der Truhe

Ein Mann kehrt von einer Pilgerschaft heim und kauft unterwegs in einer Stadt einen Spiegel. Solch ein Ding hatte er nie zuvor gesehen. Er glaubt, das Gesicht seines Vaters darin zu erkennen, und so nimmt er ihn freudig mit nach Hause. Dort versteckt er ihn im oberen Stockwerk in einer Truhe und sagt seiner Frau nichts davon. Von Zeit zu Zeit nun, wenn er sich traurig oder allein fühlt, geht er „seinen Vater besuchen". Seine Frau aber bemerkt bei ihm einen so seltsamen Gesichtsausdruck, wann immer sie ihn aus der Kammer herabkommen sieht. Heimlich beobachtet sie ihn und sieht, wie er die Truhe öffnet und lange über sie gebeugt verharrt. Einmal, als der Mann nicht zu Hause ist, geht sie selbst die Truhe öffnen, und sie erblickt darin eine Frau. Das macht sie schrecklich eifersüchtig, und sie beschimpft ihren Mann. Es kommt zu einem schlimmen Ehestreit. Der Mann behauptet, sein Vater sei in der Truhe versteckt. Zum Glück kommt eine fromme Nonne vorüber. Sie möchte den Streit schlichten und läßt sich zum Streitgegenstand, zur Truhe führen. Als sie aber aus der Kammer wieder herunterkommt, erklärt sie: „Weder ein Mann ist in der Truhe noch eine Frau, sondern ganz einfach nur eine Nonne."

Literaturhinweise

Wenn Sie Ihre NLP-Kenntnisse vertiefen möchten,
empfehlen wir Ihnen zur Lektüre:

- Alain Cayrol und Josiane de Saint-Paul, *Derrière la Magie. La Programmation Neuro-Linguistique*, Paris (InterÉditions) 1984.
- Richard Bandler, *Un cerveau pour changer. La Programmation Neuro-Linguistique*, Paris (InterÉdition) 1990.

Wer Milton Erickson, von dessen Gedanken Grinder und Bandler viel übernommen haben, entdecken oder besser kennenlernen möchte, der lese:
- Sidney Rosen, *Ma voix t'accompagnera ... Milton H. Erickson raconte*. Paris (Hommes et groupes) 1986.
Sie werden staunen über Milton Ericksons Kreativität und über seine Fähigkeit, Zugang zu finden zu den Weltbildern seiner Patienten.

Das folgende Buch kann einen Überblick vermitteln über die Arbeit der Palo-Alto-Schule:
- Paul Watzlawick, *Les Cheveux du baron de Münchhausen*, Paris (Le Seuil, La couleur des idées) 1991.

Märchen aus der Welt des Zen zeigen uns eine ganz andersartige Sicht der Dinge und führen uns ein ins intuitive Verstehen, losgelöst vom logischen Denken. Zum Immer-wieder-Lesen:
- Maitre Taisen Deshimaru, *Le Bol et le Baton: 120 contes Zen*. Paris (Albin Michel, Spiritualités vivantes) 1986

„Über manche Dinge also zerbrechen wir uns den Kopf mehr, als es nötig ist, über andere, noch ehe es nötig ist, über wieder andere, obwohl es gar nicht nötig wäre. So vergrößern wir, so greifen wir ihm vor, so erfinden wir unser Leiden selbst."

Das Zitat ist entnommen aus:
- Seneca, *Apprendre à vivre, Bd. II – Lettres à Lucilius, choisies et traduites par Alain Golomb*, Paris (Arléa) 1992.
Sollten Sie unbedingt lesen!

Und zum besseren Verständnis unserer Hirnmechanismen:
- Themenheft der Zeitschrift *Pour la Science*, Heft 181, „Le cerveau et la pensée", November 1992.
- Sonderheft der Zeitschrift *Science et Vie*, (Nr. 177), „Le cerveau et l'intelligence", Dezember 1991.

Dankeswort

Wir bedanken uns

... bei Brigitte für ihre Geduld und Ausdauer bei den Schreibarbeiten für dieses Buch;

... bei Christian, Gilles, Françoise, Lucien, Patrick, Sylvane und Xavier für ihre persönlichen Zeugnisse und Beispiele;

... bei Yvette, Jean-Pierre, France und Philippe, die unsere Gedanken mitgedacht und begleitet haben;

... bei unseren Müttern, die sich in der Zwischenzeit um die Kinder gekümmert haben;

... bei Alain und Josiane für die Art und Weise, wie sie uns NLP entdeckt haben.

Einen besonderen Dank schließlich an Hélène für ihre professionelle Kompetenz, für ihre scharfsinnigen Beobachtungen, für ihre Kreativität und für die Freude, die wir in der Zusammenarbeit mit ihr erlebt haben.

Wer sich für NLP-Kurse interessiert,
kann sich telefonisch an Nelly Bidot und Bernard Morat wenden unter der Nummer (1) 34 25 44 26. (Vorwahl Frankreich: 0033)